# 逆袭·破局

# Breaking Through & Rising Up

隋福臻 —— 著



## 我的寿险一线实战手记

## My Field Notes from the Life Insurance Frontlines

化学工业出版社
·北京·

## 内容简介

《破局·逆袭：我的寿险一线实战手记》是一位深耕寿险行业二十余年的一线从业者的实战手记。作者从基层代理人成长为分公司高管，亲历行业起伏与变革，深刻理解一线营销人员的困惑与压力。

本书从“寒冬还是机遇”切入，系统探讨寿险营销从“销售”到“营销”再到“经营”的进化路径，提出“价值重构”是破局关键。内容涵盖客户经营、高客（高净值客户）服务、新人培养、团队管理等多个维度，并融入OMO模式、AI应用、社群运营等新时代方法论，强调差异化服务与持续学习的重要性。

本书语言朴实、案例真实，旨在为仍在寿险行业坚守、寻求突破的从业者提供一份真诚、实用、可操作的行动参考。

**图书在版编目（CIP）数据**

破局·逆袭：我的寿险一线实战手记 / 隋福臻著 . 北京：化学工业出版社，2026. 1. -- ISBN 978-7-122-49381-1

Ⅰ. F840. 62

中国国家版本馆 CIP 数据核字第 202569DK26 号

责任编辑：刘　丹
责任校对：李雨晴　　　　装帧设计：李　冬

出版发行：化学工业出版社（北京市东城区青年湖南街 13 号　邮政编码 100011）
印　　装：三河市双峰印刷装订有限公司
880mm×1230mm　1/32　印张 8¼　字数 155 千字　2026 年 1 月北京第 1 版第 1 次印刷

购书咨询：010-64518888　　　　售后服务：010-64518899
网　　址：http://www.cip.com.cn
凡购买本书，如有缺损质量问题，本社销售中心负责调换。

定　　价：68.00 元　

# 寒冬还是机遇
# ——一线寿险营销的生存思考

在寿险行业摸爬滚打了二十余载，从前线到后方，从一线代理人到分公司的高管，浮浮沉沉，兜兜转转，虽不算成功，却也未至失败。如今年过半百，忽然萌生在行业里留下些文字的念头。但又不知道该写点什么，因为既不想无病呻吟，也不愿过度劳神，思来想去，决定将自己多年在一线的工作心得跟大家做个汇报。

近几年，寿险行业大波动和大变革的交织，许多寿险一线的小伙伴感到迷茫，压力如山，甚至选择离开。作为一名始终打拼在一线的营销人员，我期望这些经验能给仍然在寿险行业坚守的小伙伴们一点启发，权当是抛砖引玉。

感谢周围同行多年来的抬爱与信任，常与我探讨销售和招募的具体问题。有时，为了满足自己的虚荣心，面对不懂的问题，我会设立项目，通过学习、实践、输出、复盘，来寻找实战答案。“钢蹦训练营”“RUNNER训练营”“新招募训练营”“高客经营第二视角训练营”“N&D-CMS项目组”“搞定收入训练营”“事务所经营促进会”……皆源于此。

因为深知自己是“学渣”出身，也未接受过寿险行业“系统化”的培训，更无写作基础，这些文字，纯靠自己平时在培训、辅导、咨询、陪谈、陪访等基层工作中总结而来，所以我将自己比作“后山人”，提醒自己并非攀登理论高峰，而是深耕实战洼地。我称自己的文字为“歪理邪说”，是因为它们谈不上什么高深学问，更非权威指南，不过是些一线摸爬滚打的肤浅心得。若说有价值，那便是源自实战的琐记。

在探讨具体问题前，我们先从一线基层视角出发，审视当下寿险营销市场环境。

C端（客户端），在互联网助力下，信息差壁垒逐渐消弭，地域边界壁垒也不复存在，用户主权时代悄然开启，宛如新零售中的人、场、货重构，主动权与选择权重归用户手中。

B端（公司端），在监管部门溯本求源、稳定发展的指引下，受市场经济与行业发展变化影响，各寿险机构在产品、经营模式，甚至基本法等方面，都进行了一系列结构性调整，且调整节奏迅速。

A端，就是我们这些一线的营销人员，在C端与B端快速变化的双重压力下，许多小伙伴陷入迷茫与困惑，甚至纠结是否还要在这个行业继续前行。

还记得，2024年我常被问到的问题是：接下来要怎么干？寿险行业的严冬来了吗？

作为寿险基层从业者，我们虽无法左右市场、监管和公司层面的变革与发展，但可以停止无谓的自我纠结，转而冷静评估行业趋势与自身定位。重新审视职业三叶草、公司职位四象限，思考职场三大燃料与所处职业生涯（简称“职涯”）阶段，先确定是否要转换赛道，再通过多维度尝试，寻找破局之法。当然，若你已有破局之法，便无需再纠结是否坚守。

我粗浅地认为，这些变革虽来得急且幅度大，但寿险行业仍处于发展初期，仍具行业周期红利。此处，我不再从保险深度、密度解析，但需强调，公开数据显示，寿险营销人员数量已从峰值超900万降至约200万，本质是行业发展去泡沫化，而非真正的衰退。所以，我认为价值重构是破局关键。

一线基层人员需要重新评估职业价值，将传统业务能力与新时代市场需求相结合。通过多维度发展，不仅要提升专业技能，还要培养服务意识与创新思维。因此，创新与转型就是留下者的必经之路。从业者可以尝试多元化发展路径，建立差异化服务体系，这就需要持续学习、勇于突破传统思维模式，探索新的价值创造方式。

我说书中内容“高不成低不就”，是因为在宏观层面，我自知认知和分析水平有限，建议大家多关注大咖与权威人士的分享。在微观层面，我也不会详述每个团队的优缺点，对比各家寿险公司产品，我的分析不够细致和深入。所以，我只能粗浅地谈谈，从基层一线人员视角，是如何看待新形势下寿险从业人员的破局之法，这勉强算是一种方法论。

感谢这些年所有帮助过我的人，甚至包括打击过我的人，是你们让我学会面对现实。

感谢这些年读过的书，特别是《跃迁：成为高手的技术》《全新思维》《思考，快与慢》《反脆弱：从不确定性中获益》。

感谢保险行业，让我快速成长。

感谢大童保险服务总裁室给予我的时间和空间，让我能将新想法和模式在实践中落实。

感谢一群虽身在北京和上海，但与我志同道合、并肩作战的寿险精英们。

感谢吕鑫、唐棠、陈连明三位寿险精英给我的码字和出书建议，我从未敢奢望自己会出书。

总之，感谢所有一切！

最后，再次强调，写下这些文字，并非刻意发表所谓的高见或推销某种理论，而是希望通过个人经历与行业变迁的结合，为一线从业者提供一份真诚的心得。在这个充满不确定性的时代，坚持和创新才是最宝贵的财富。

隋福臻

# 目录

# 第一章

# 寿险营销的“进化论”

# 从销售到营销再到经营

寿险行业A端近三十年的发展，淋漓尽致地展现了A2C模式的多样化：关系型、产品型、理念型、顾问型及我所定义的共情型。这些模式并无优劣之分，亦非完全独立，深度掌握任一模式，皆可成为赢家。若能融会贯通，打造出最适合自己的模式，你便是“王者”！

我始终坚信，寿险从业者的核心竞争力，在于有一套自己独有的模式。这并非简单的模仿或复制，而是基于自身实际情况，量身打造最适合自己的模式，且必须满足自身需求。

从销售到营销，再到经营，是从点到面，再到网状的立体结构转变。面对当前的各种变化，作为寿险基层一线的从业者，要想实现自己的梦想（哪怕是“钱多、活少、离家近”的目标），必须有所改变，建立新模式。改变不仅仅是状态的调整，如更加努力或增加工作强度，努力固然必要，但未必能解决问题或带来成功。因此，我们必须找到正确的方法，进行模式上的革新。

2022年，基于2019年和2020年的深入思考，以及2021年的实践验证与经验总结，我推出了OMO（Online Merge Offline，线上融合线下）新销售模式落地的“RUNNER训练营”，约四十人参与。此训练营不仅肩负着OMO模式落地的使命，还承担着打破团队单一销售健康险模式的任务。遗憾的是，其内容直至 2023 年下半年才获得团队的认可。虽然晚了些，但能朝着积极的方向改变，也是一种进步！多数变革往往会经历反对、对抗、摸索、投入四个阶段。

从销售到营销，再到经营，其核心在于构建高效的客户经营生态系统，实现从被动被客户选择的单一状态，向主动选择客户的双向互动模式转变。OMO 模式，作为当前主流的客户开拓、快速成交和轻松经营的有效途径，可通过以下方法构建。

## 1. 构建线上平台

建立个人或团队的线上信息发布矩阵，利用抖音、小红书、B 站、微信公众号、微信视频号、微信朋友圈、微博、喜马拉雅等社交媒体进行 IP 打造，形式可以是文字或者音频、视频等。还可以利用直播平台分享行业资讯、产品解读、客户案例分析等内容，从而提升个人品牌的影响力。以前是“客户在哪里，我就在哪里”，现在是“客户的视听在哪里，我的展示就在哪里”。

特别是 AI 民用化的横空出世，更是让我们有机会大幅度提高效率，以往经营中的很多不可能，也有机会实现了。关于 AI 与保险的组合，后面有专门的篇幅进行讲解。

## 2. 线下活动与线上活动的结合

线上活动发挥互联网优势，打破时空局限；线下活动增强客户体验感，同时可以匹配线上平台进行活动预热和回顾，吸引更多客户的参与，扩大活动影响力，建立 OMO 社群。

## 3. 客户数据管理

建立自己的 CRM 系统[①]（例如我创建了 N&D-CMS 系统）管理所有客户资料，实现客户信息汇总和分析，并根据分析结果进行精准营销，为客户提供个性化的保险服务。

## 4. 培训与训练

我们必须要坚持学习，在知识层面上要牢记各种要点；同时还要刻意练习，要把知识运用到实践中，因为成交才是我们的最终目的。对于客户端，我在 2022 年总结了一句话：因我而知，因你而选！如果是你，一定是我！意思是，我们负责将所有信息有针对性地传递给客户，以便客户作出选择。我们将竭尽全力确保在客户进行选择时，倾向于选择我们。

① CRM 系统，即客户关系管理系统。

## 寿险营销的合伙制与合伙人模式

目前寿险市场中，关于从业者的身份，“经纪人”与“合伙人”这两个称谓颇为流行。所谓“经纪人”，即保险经纪人（Insurance Broker），根据《中华人民共和国保险法》的定义，保险经纪人是指基于投保人的利益，为投保人与保险人订立保险合同提供中介服务，并依法收取佣金的机构。定义中说的是“机构”而非个人。因此，我认为目前寿险从业者中，绝大多数仍以签署代理制合同的保险代理人为主。那些以“经纪人”身份定位和宣传自己的从业者，很大程度上是为了彰显其能够以客户为中心的服务宗旨。

这里我想主要聊聊合伙人和合伙制，因为这可能是一线保险人员未来发展的一个很好的模式。首次听闻保险合伙人这个概念是2020年末，当时觉得洋气且具创业味，但深挖后发现，此合伙人非彼合伙人，而且背后的合伙制亦无明确定义与实际内容，大抵是仅借用了合伙人的概念或者名称，其本质还是代理制下传统的经营模式。

虽然我自认为是“学渣”，但我始终保持着强烈的好奇心和爱折腾的精神。我阅读了大量关于合伙人的书籍和资料，深入研究是否能在合伙人与代理人、合伙制与代理制之间，找到一个适应新形势的经营模式，将这一悬而未决的概念落到实处，因为我确实非常喜欢“合伙人”这个称呼。

首先，我发现基于当前的监管政策和各寿险公司的经营现状，“代理制”的基础形式在短期内难以改变，也就是说，无法直接用纯粹、原属性的“合伙制”取代“代理制”，用“合伙人”取代“代理人”。其次，我发现目前推动所谓“合伙人”制度的机构，其经营模式、流程和内容与传统的代理制并无本质区别，甚至可以说完全一致。

目前，多数寿险机构的代理制经营模式，仍主要依托寿险行业低从业门槛的优势，大力推动招募（增员）。尽管许多寿险机构在实施“优才”“精英”等提升人才密度的计划和项目，但多数机构依然追求招募数量的最大化。而且，经过多年的实践，多数寿险机构对于“代理制”这种弱联系强管理的经营模式已颇有心得：注重氛围营造、文化影响和情绪价值提升，再辅以层层追踪督导、阶段性密集培训以及节奏感极强的营销指导等手段。

大约从2021年开始，我们会发现，一方面人才越来越难招募，另一方面人才越来越难留住，因此近几年从业人员数量出现了大幅下滑的现象。问题究竟出在哪里？其实，这与我在前言中提到的C端的变化、社会背景的变化，以及A端招募对象群体的变化，密切相关。针对招募难、留人难的问题，如果我们想要解决，不能仅仅依靠拼命调整状态，而是需要调整模式。忽然想起老领导郭卫东郭总，在我们业务渠道陷入低谷期时，他曾提出“换挡升级”的策略，最终不仅帮助渠道走出了低谷，还迅速进入了高绩效的头部序列。

为了深入研究合伙制，我购买了《合伙人》《合伙人与合伙制》《创业合伙人》《合伙人制度顶层设计》等多部相关书籍，并在线上广泛搜索资料进行学习。此外，我还细致研究了刘润老师在《每个人的商学院》系列中关于合伙人的内容。结合自身20多年的寿险一线工作经验，我探索出了一种虽显粗浅但适用于寿险基层一线的“合伙制”模式，并能有效区分传统的“代理制”。然而，严格来说，我所提出的合伙制是建立在代理制基础之上的，其核心在于强调合伙和创业的视角或维度。

首先，我认为传统的代理制模式，尽管也强调为每位招募的小伙伴进行职业规划，并推出看似量身定制的计划和措施，但若深入探究，便会发现其底层逻辑并未充分考虑小伙伴的客观需求。最常见的现象是：如果你能完成一万元的业绩，便会鼓励你做到两万、三万，甚至更多！如果你能晋升一级，便会鼓励你继续晋升更高职级，直至出现彼得定律现象！树立的标杆永远是高业绩、高招募、高晋升！不断强调努力、努力、再努力！加油、加油、再加油！却未曾深思，每位小伙伴对工作的诉求各不相同，并非所有人都只追求高收入，尽管高回报是大家普遍欢迎的。

针对这一现象，我从2022年起在部分团队中尝试推行合伙制，鼓励小伙伴成为真正的合伙人，并将这一理念直接融入招募面谈中。事实证明，这一举措的效果非常显著。

我们简单了解一下寿险合伙制：双方基于各自的需求和达成的共识（包括合作模式等），进行签约合作。在此模式下，合作利益分配的重点从机构转向小伙伴个体，并停留在黄金分割点，即能同时满足双方的需求。

在实践中，我们会与小伙伴进行两个界定：一是明确彼此的合作基础，二是确定合作模式。例如，来自易利事务所的合伙人潘虹，在初次面谈中明确表示，她的工作诉求是月收入 2 万元～ 3 万元，但要求时间自由，并确保有足够精力照顾家庭和满足个人业余爱好。我将这一需求定义为“三三三制”。

潘虹（我们习惯称她为虹豆）是一位非常优秀的精英型人才。如果她能找到人帮忙接送孩子、陪孩子上课，并适当减少业余爱好投入，她的业务业绩一定能翻倍，甚至有望成为顶尖业务高手，成为众多机构树立的努力拼搏的标杆。然而，这并非她期望的工作状态。若强制或过度施压，很可能会促使她选择离开，除非她自己对工作的诉求发生改变。

再例如，被我定义为自由职业者模式的合伙人杨玲（我们习惯称她为玲姐），在面谈中明确表示，她的目标感、自律性、规划能力、学习力等都非常强，她希望不被打扰，要最大限度减少约束。因此，我们约定彼此相对独立经营，只有在有需求或遇到重大事项时，才进行线上或线下的沟通，平时则保持互不打扰的状态。于是，在职场中几乎看不到她的身影，而在她的朋友圈里，常见的则是旅行、陪娃、学习等内容。实际上，她的业务能力极为出色，是我们团队的顶级成员，年收入也高达百万元人民币。

在合伙制推动过程中，各种模式陆续涌现。例如，有人因身体原因无法承担高负荷工作压力，但又不愿过早赋闲在家，希望找到一个有归属感、压力小、时间自由的工作；有人拥有自己非常喜欢的工作室，但非常认可寿险，希望成为寿险斜杠青年；有人自家企业已上市，却喜欢公司的文化和氛围，坚持通过考核。还有人自认为缺乏自律性，且收入是刚需，甚至要求自己每月至少收入五万元，希望通过努力改变家庭的财务状况——这种情况与我当年颇为相似，为了通过高收入提升家庭生存环境，我选择放弃对家人的陪伴和自己的爱好，一心只想拼命赚钱，因此希望经理能严格督导，不断推动自己成长。正因各人需求不同，在我的团队里，每位合伙人都有自己独特的经营模式。

有人会问，此合伙制经营模式会有高绩效吗？能完成公司下达的任务吗？我们来看数据，一个在册人力为 40 人的事务所要完成公司下达的业务，只要有 10 个绩效接近虹豆的合伙人，无需高产能，就能以 1/4 的人力，以 170% 的达成率完成公司的绩效指标，而且管理成本更低、风险更小。

所以这几年，我积极在团队中推行一些经营理念：

你的微笑比你的绩效更重要（合伙人的状态）！

团队的梦想就是每个合伙人梦想的总和！

检验团队和机构是否合格的标准在于，能否有效助力合伙人在财务和成长方面取得显著成就！

我们采用类阿米巴模式，构建超级个体协同共生的理念，并借助盖洛普的管理技术，逐步将合伙制及合伙人的理念付诸实践。当然，目前一切尚处于探索阶段，尚未成熟，也未取得显著成绩，但已有数据和证据表明，这是一个值得尝试的路径。

需要再次强调的是，合伙制并非取代代理制，也并非比代理制更高级。它只是在代理制的基础上，打破传统弱联系、强管理的寿险团队经营模式。所谓的寿险合伙人，实际上是在代理人属性下，采用类合伙制新合作方式的一群寿险行业的先锋。

## 倾力打造你的寿险经营“四性”

“四性”是我于 2023 年在陪谈和陪访的实战经验中总结出的概念，具体包括准确性、匹配性、差异性和稀缺性。其中，准确性是基础，匹配性构成框架，差异性作为显著标志，而稀缺性则是核心要素。在实战中，我们通常先通过差异性打开局面，然后借助匹配性展示准确性，进而打造稀缺性。

首先，准确性要求我们在回答客户问题和进行信息传递时，必须确保内容的精确无误，关注相关数据和证据。也就是说，对于专业知识点，我们必须熟练掌握，这是成交的必备条件，无法回避。然而，许多小伙伴却不愿深入钻研这些知识，因为感觉过于枯燥。实际上，相较于医疗、化工等行业，寿险行业在前段和中段对知识点的硬性要求已经相对宽松。

其次，匹配性涵盖两个方面。一是我们的沟通方式要与客户的认知、偏好及过往经历相契合，确保客户能够理解并领会，避免他们在理解上感到压力，同时还要维护我们的专业形象。我们的专业性并非由自己评判，而是由客户来评判。二是我们为客户提供的方案必须真正符合他们的需求，切实解决他们的问题。我们的成交必须建立在以客户为中心的基础上。

再者，差异性是指在当前寿险行销市场上，由于 A 端模式和内容的同质化现象严重，C 端客户已出现审美疲劳。因此，在这个高概念时代和互联网时代，差异性成为吸引关注的前提。

最后，稀缺性是我们赢得客户信任和选择的核心竞争力。2023 年，我常挂在嘴边的一句话是：我们因差异性而被关注，因稀缺性而被选择！

在实践中，我们通过独到的视角、内容、表达方式等具体操作，让客户关注到我们的与众不同，从而获得入场的机会。在特定场景中，我们充分展示专业（准确性），增强C端客户的良好体验感（匹配性），打造出我们的稀缺性！“四性”经营在寿险行销中可以广泛实施，例如在微信朋友圈的经营中，需明确其真实意义和目的。我并不反对随性而为的朋友圈经营方式，但我们必须清楚，自己的行为取决于目标，而这一选择将直接影响最终的结果！

2021年，我曾经和团队小伙伴一起做了个实验。首先，我将希望通过朋友圈塑造的人设以标签形式书写在白板上，并用白板纸覆盖。随后，邀请大家根据个人偏好，列出在现实生活中乐于交往的人的标签，并从中筛选出前10个高频标签，同样用白板纸遮蔽。接下来，请大家一同浏览我的朋友圈（建议A端用户的朋友圈不要设置周期可见，因为时间跨度越长的内容，越能体现真实性，从而更有助于建立信任感），并针对我的人设提炼出10个标签。最后，我们揭开白板纸，对比三列标签，发现重合率超过80%。我认为，这种信息传递的高匹配度将极大促进我们的经营效果。

但在这里我还是要啰唆一句，关于成交的源头或者基石，我坚持认为是：真诚！

我们发布的朋友圈常常在文案撰写上显得力不从心，难以高效地发挥我们的影响力。尽管我们用心撰写文案，并大量使用所谓的专业术语，但我们会发现，准确性和专业性并不等同于必须使用客户难以理解的“专业话”。这样的表达方式，有时反而会给C端客户带来理解上的压力。

在发微信朋友圈时，我们需要考虑目标人群的特点、场景化的营造以及感性时代的背景，进而打造出差异性。准确性不仅局限于表达的文字形式，精准抓住受众心理和偏好，激发共鸣，完成内容使命，同样是准确性的一种体现。让你的朋友圈内容在C端客户的朋友圈里成为一股清流，成为一个“独宠”。在这个时代，放弃自媒体的经营，个人认为是一个不明智的选择！

## 论寿险从业者基本功的重要性

有一次面谈复盘，小伙伴在我高强度地追问下，当场就哭了。她觉得很委屈，但我也觉得很憋屈。虽然我及时道歉了，但我其实很生气。在小伙伴的成长路上，我的确对他们要求很严格，我认为这是必须的，特别是对他们基本功的要求。小伙伴总苦笑地说我是个极其苛刻的教练！感谢小伙伴同意我把这件事说出来，但是考虑到客户的隐私安全问题，就尽量不提及客户的相关内容。

都说保险行业是一个想干就能干的行业，几乎没有出现过有谁想当保险代理人，却被拒绝，没能够加入的。所以有人说，“只要保险行业还在，我就不会有失业风险，再差还有保险给我兜底！”我不想辩解，但我坚定地认为，入行是一回事，能否做好是另一回事！

继续谈谈面谈复盘。我们团队与一位非常优质的企业主客户进行了两次联合式面谈后，客户主动联系我们的小伙伴，表示要签约整个家庭的保单。按照惯例，对于这类典型的高客，每次面谈前我们都会进行行前 RP（演练），以确保以最佳状态面对客户。尽管之前的几次面谈客户都非常满意，但在最后的成交签单环节，我们依然不敢有丝毫懈怠。

在完成常规的行前准备后，我提出了两个关键问题。

首先，我在进行 KYC（Know Your Customer，了解你的客户）工作时，发现了一个与客户家庭结构相关的异常现象，但由于其敏感性，且客户一直回避讨论，我无法直接提问。然而，在签单过程中，夫妻双方必须同时在场，我深感忧虑，担心若太太提出疑问，导致这一敏感问题被公开讨论时，我们可能无法妥善应对，不能既保证交易的顺利进行，又确保客户获得良好的体验。针对这一问题，我提出了一个解决方案，并安排小伙伴进行了两轮模拟演练。

另一个问题则源于对大额订单和高净值客户经营的谨慎考虑。我重新梳理了客户开启保险话题的背景，发现其起因是银行向其推荐家族信托，进而引发咨询。考虑到家族信托的尽职调查规则、复杂性以及国内市场的成熟度，我们认为保险金信托或许是更优的选择，于是制订了一家四口的保险配置计划。

所以，如果客户突然回到最初的问题，不采用保险，而是直接启动家族信托来解决问题，这种方式是否仍然可行？尽管这种情况出现的概率极低，并且我们之前已经共同进行了充分的论证，但为了确保交易万无一失，我还是决定再次梳理相关内容，并让团队成员进行了演练和知识点的回顾。

由于之前主要由我负责洽谈，这次客户表示不需要我再参与，直接与小伙伴签约即可。在客户签单的前一晚，我们讨论至深夜，反复确认了各个环节及可能出现的突发问题，并制定了较为充分的应急预案。然而，意料之外的情况还是发生了。在签约前的方案最终确认环节，客户太太看似随意地问了一个问题，而这个问题的核心恰恰指向了与家庭结构相关的敏感议题。客户当时显得非常尴尬，直接将问题抛给了在场的两位小伙伴（我安排了团队长一同前往，因为她之前也参与了多次面谈）。

针对一个已被预判的问题，我们不仅制定了应急预案，还进行了反复演练。尽管该问题极为敏感，且大概率不便明说，但在如此充分的准备下，理应不会出现意外。然而，出乎意料的是，小伙伴竟在关键时刻愣住，并在客户的催促下，鬼使神差地复述了我预判时的原话，导致客户尴尬地愣在当场。客户太太随即借口有急事，匆匆离去。

这也就意味着当天的保单大概率是签不上了。客户算是修养很好，沉思了一会儿，竟然问出了我们在行前 RP，预判的第二个问题。面对这唯一的回旋机会时，我们的小伙伴竟然异常慌乱，前言不搭后语，解释得一塌糊涂。更令我生气的是，陪同前去的团队长竟然也没有接下来，最后的结果我就不用说了。

通过这次失败，我反思寿险从业者需要有扎实基本功的重要性。我把反思总结为以下三点：

### 1. 我们该知道什么，知道到什么程度

“知道什么”主要指的是知识点，以及关于架构、逻辑等相关的理论知识。我们是否应该构建一个从新人起步的知识体系，明确告知所有团队成员在每个阶段需要掌握哪些知识，在规定时间内需将基础知识学习到何种程度，并为他们提供学习资源和方法上的支持。

许多团队在新人入职后虽设有培训，但这些培训往往不是基于新人长期发展的考虑，多数只是着眼于新人快速开单。开单后，更多的关注点在于督导和追踪，主要针对新人的活动量。而理论知识的积累，基本上依赖于新人的自学和团队零散的培训。甚至有些团队依赖各种分享，但分享与系统培训完全是两回事。因此，对于一个合格的寿险从业者，我们必须首先将基础理论知识，如产品知识、核保知识、相关法律、医学知识、面谈逻辑等，烂熟于心，并能够快速调用和组合。此外，定期的闭卷考试，可以不断巩固对理论知识的熟悉度。

## 2. 我们该会什么，会到什么程度

“会什么”主要指的是技能，体现在包括表达在内的销售行为中。而“会到什么程度”强调的是习惯，即通过刻意练习，将应掌握的技能内化为肌肉记忆，形成潜意识中的习惯性行为，无需刻意思考。每次演练和辅导时，团队成员发现我无需提前准备，即可直接进行现场角色扮演（RP），我告诉他们，这正是刻意练习的结果。通过大量的行前和行后 RP，结合大量的客户面谈实战，你将迅速掌握客户面谈的基本技能。

在具备扎实的基础知识和熟练的面谈技能后，我们基本就拥有了销售面谈的基本功，再结合个人天赋和具体场景，便能灵活应对，展现出色的应变能力。对于销售和成交，我的看法是，只要在销售过程中尽到职责，即使未能成交，也是可以接受的。无法接受的是，每次复盘时发现某个知识点未提及，某段逻辑出错，导致客户体验不佳，即便成交，也被认为是偶然，而非持续和必然的结果。

## 3. 团队长或经理、教练的职责是什么

无论是对新人还是老员工，团队中必须有人能持续提供专业赋能，甚至随时陪同面谈。这些角色可以在不同阶段、不同层面由不同人员担任。他们必须切实履行职责，而非总是妥协，充当

老好人。

在上个案例中，陪同的经理为何未能有效介入？原因在于前几次面谈有我这位教练参与，她并未认真聆听，即便在最后一天的演练中，她也只是象征性地陪伴，表示重视而已。新时代、新模式的团队，对那些仅能提供情感陪伴和行政服务的团队长极为不利，除非团队已具备完善的流程和体系。因此，团队长或经理们必须明确自身职责，并切实执行，否则难以打造高绩效团队。

总结一下：我们必须客观审视自身的基本功是否扎实，不怕丢人，不足就学，就练！训练场上的一点挫折，总比战场上的失败要好。我们可以将知识点和技能分层次、分阶段，找到赋能的源头，结合个人天赋，尽早夯实基本功，否则很难在这个行业中成为持续的绩优高手！

## 在行业变革加剧下，我们如何重新定义营销

2024 年，我付费参与了两位寿险行业顶级专家的训练营，并深入学习了某大型寿险公司全国销售冠军的宝贵经验分享。在所有这些学习内容中，无一例外地都强调了“营造客户情绪价值的重要性”，并且反复指出，客户的精细经营才是促成成交的关键所在。

这与以往那种张口即出金句、闭嘴便抛话术、伸手便是套路、收拳即为妙招的培训模式截然不同。同时，课程中并未过多宣讲打造信息差的新理论、新知识或新概念。

这种熟悉的感觉让我异常兴奋，因为它再次验证了这几年我在寿险营销探索中的方向并未偏离，甚至我所落地的实战模式也是完全正确的。

我曾提到，当客户尚未成为你的私域流量，对你的个人品牌缺乏足够高的忠诚度或认可度时，你必须承认、面对并重视这样一个现实：客户周围总会有一群人在游说他购买保险，这无疑给你带来了竞争压力。尽管击败竞争对手并非你的最终目的，赢得客户才是你的终极目标。然而，在引导客户选择你的过程中，客观上也是在逐步排除竞争对手。需要注意的是，即便成功击败所有竞争对手，仍有可能未能达成交易。因此，我曾开玩笑说：“老隋 2024 年的第一个金句便是——积极参与，守住成交！”

在与客户交流的过程中，你是否注意到，客户周围的其他销售人员，在面谈内容上，尤其是与保险领域相关的话题，几乎如出一辙，最多仅在自己机构的优势描述上有所差异。换言之，客户整天面对的是一群言辞雷同、不断催促其尽快在自己这里达成交易的人。因此，最终客户选择谁，谁便成为赢家。

那么，如何才能被客户最终选择呢？我不得不再次强调，充分打造你的“四性六位（“六位”即对于身份、专业、成就、信任、沟通、价值的定位）”。接下来我们探讨的内容主要与打造差异性、稀缺性密切相关。

在过去的行业发展中，寿险营销主要依靠信息差来推动成交，这一点无可否认。即使提及所谓的专业性，也基本停留在知识量的比拼上，谁掌握的信息多，谁就被视为更专业。然而，在互联网高速发展、信息渠道极度多元化、跨界兼业频繁发生的今天，这种信息时代的优势正在逐渐减弱，甚至沦为竞争的基本门槛，而不再构成核心优势。

因此，我们必须从以左脑思维为主转向以右脑思维为主导，但这绝不意味着完全放弃理性，只关注感性。尽管卡耐基曾言：一个人的成功，只有 15% 依赖于其专业技术，而 85% 则取决于其人际关系和为人处世的能力。但我必须再次强调，这 15% 的专业技术绝对是不可或缺的。只不过在概念时代的背景下，寿险营销的竞争中，单纯的知识信息化已不再是决定胜负的关键因素。

我们将继工业时代和信息时代之后的全新时代称为概念时代。在这个时代，创造者和共情者将成为主导力量，他们需要具备创造性思维、共情能力以及把握全局的视野。接下来，我将结合概念时代不可或缺的六大能力，为我们这些奋战在一线的小伙伴们提供一些切实可行的经营策略建议。

这六大能力即《全新思维》中提及的设计感、故事力、交响力、共情力、娱乐感和意义感。其实，这六大能力并非凭空出现，也不是我们从未见过，只是我们之前没有给予足够的关注和系统化运用。类似的情况，比如备受热议的个人 IP 打造话题，实际上与之前的个人品牌话题有着密切关联，只是在其基础上强化了互联网属性而已。

## 1. 设计感

设计感：强调功能与美学的结合，追求产品、服务或体验的实用价值与情感内涵。不知道你是否发现，很多销售高手要么是学艺术的，要么是在艺术方面有着较高的天赋。其实，这与设计感在销售中能发挥巨大作用息息相关。

在我过往的实战中，对设计感的应用主要体现在两个维度，一个是视听维度，另一个是架构和逻辑维度。

在视听维度上，所有面向客户呈现的计划书及其他各类提案，但凡需借助 PPT 等形式展示，我对视觉美感的追求都极为严苛。我甚至要求自己的提案在画风上必须与客户的身份和偏好高度契合。若涉及视频，则必须保证高清且经过精心剪辑，否则我宁愿放弃使用。简而言之，我是“外貌协会”的忠实成员。

在架构和逻辑维度上，与客户面谈时，所有相关的架构和逻辑我都会提前精心设计。我会详细规划整个框架结构，特别关注如何构建互动过程，以提升客户的体验感，确保客户绝对认同我的提案。同时，在逻辑设计上，既要符合客户的认知，又要彰显我们的专业水准。每一层逻辑都被设计成叠加递进的效果，稳扎稳打地推动成交进程。

设计感在塑造“四性”中的差异性和稀缺性方面，发挥着不可替代的作用。举一个虽属技术层面，但仍能彰显设计感的小案例。维护客户关系是我们客户经营中的关键环节，适时赠送小礼物以增强双方黏性，是常见的商务做法。然而，选择何种礼物以及预算多少，常常让许多小伙伴感到头疼。尤其是我长期从事高客经营，如何将礼物送到客户心坎里，成为我必须解决的难题。单纯依赖高价礼品并不奏效，一则客户并不缺，难以产生良好感受，更别提特别关注和心动；二则我也难以承受高昂的成本。此时，借助精心的设计，便能实现预期效果。

我曾分享过这样一个案例：为了客户，我亲自吊在半山腰采摘野茶，并请朋友全程录制了视频。当客户看到摆在他面前的茶叶，同时目睹视频中我悬挂在山腰，一边艰难地采摘，一边喊出他的名字，告知这是专门为他采摘的，随后还请当地著名的老茶师进行后续加工，并配上印有客户名字的专属包装。我相信，此刻这份真挚的心意，早已超越了茶叶本身的价值。这或许有些“千里送鹅毛，礼轻情意重”的意味，但绝不能演变成“不吃饭送出二里地”的虚假做作。真诚！再出色的设计，其根基必然是真诚。我们只是通过设计手法放大了这份真诚，或是让真诚得以被客户深切感知。

## 2. 故事力

故事力：通过叙事传递情感和信息，将复杂理念转化为可感知的共鸣。你是不是觉得这和寿险营销的关联并不深呢？我们在寿险营销经营中，在销售服务中，该如何借助故事力呢？

首先，我们的核心目标并不是虚构故事或编造情节，而是掌握故事结构的搭建技巧和内容的描述方法。然后将这种手法应用于与客户的沟通中。例如，我设计的“共情”成交模式，在与客户共同挖掘和展现未来美好愿景时，切忌使用一堆冷冰冰的数字和简单的画面描述，而应从细节入手，采用讲故事的方式，将美好的愿景深植于客户心中，使其产生强烈的画面感和代入感。

当然，故事化并不是要取代分析型思维，更不是要你胡编乱造。它可以引导你从全新视角审视问题，与客户共同探索一个别样的世界，成为分析型思维的有力辅助。通过生动贴切的故事来阐释抽象的分析，使得内容更加易于理解和接受。

我在给客户讲解案例时，通常会发挥自己的故事力，将案例故事化，让客户在良好的体验中达成共识。

## 3. 交响力

交响力：指跨界整合能力，能发现系统间联系并创新。交响力其实是寿险从业者的强项。由于行业正处于特殊发展阶段、市场认知尚不成熟以及代理制所具有的类创业特性，我们这些身处一线的伙伴们被迫踏上了一条以自力更生为主、机构支持为辅，在逆境中奋力寻求快速发展的营销之路。无论是出于无奈，还是凭借自身天赋，抑或是主动探索，作为寿险一线从业者的我们，其实早已具备了较强的综合能力，只是我们自身尚未察觉、未曾重视，正所谓“当局者迷”！

不要“只见树木，不见森林”。在T型人才之后，π型人才横空出世，甚至出现了梳子型人才！在潜移默化的发展中，我们发现，寿险营销有三种类型的人正逐渐崭露头角：第一类人是擅长跨领域的人，第二类人是发明家，第三类人是善作比喻的人。其实这三种人，在哪个行业都会是成功者，只不过在寿险行业，借助行业发展特殊阶段的红利，他们的努力和成就被放大了，回报率更让人欢喜。把四个轮子组合在一起的人比发明轮子的人更优秀。现在的时代需要的是整合能力、模式识别能力，即理解关系中的关系，这对创业的人，还是非创业的人都同样重要。

最近两年，监管政策的快速调整，市场的高频迭代，机构在各种压力下的快速应对，让很多寿险从业者倍感纠结，甚至是迷茫。此时，我们必须学会从全局视角进行考量，深入底层逻辑层面进行思考，并在模式上进行调整，以确保持续高效地发展。尽管许多机构的高层已经洞察到震荡，但遗憾的是，机构层面的调整步伐远远滞后。甚至机构规模越大，调整的难度也随之增加。而我们这些身处基层一线的伙伴，则必须首先提升自我认知，主动进行自我模式的升级与调整，力求以高维度的思考方式，拓展高维度的视角与视野，勇于跨界探索。这些有效的整合并非简单地将有利元素堆砌在一起，而是在设计的框架内，赋予其严谨的逻辑，匹配多元化的资源，从而打造出最适合自己的发展篇章。

### 4. 共情力

共情力：理解他人情感并建立信任的能力，是我们做寿险服务的一项核心竞争力，但很遗憾，过去我们并没有准确定义共情力，且没有把共情力发挥到极致。共情力也不算是新概念，只是在当前时代和背景下，因为更有利于寿险营销和成交而被关注到。

在寿险营销过程中，我们打交道的是具有独立思考能力和丰富情感的人。然而，共情并非等同于同情，也不仅仅是与他人产生共鸣。在此，我预先申明，在销售面谈的相关讨论中，我特别强调了共识、共鸣、共情这三个关键环节，后续将详细解析。共情力是指站在他人的立场，凭借直觉感知其感受，设身处地地以他们的视角看待问题，深入体会他们的情感。对于熟悉的人，共情力往往能发挥得更加出色。

在寿险营销中，共情力的发挥不仅取决于个人认知，还与过往经历密切相关。培养共情力，实质上是在打造个人的核心竞争力。许多人认为共情并不复杂，但面对客户时，你能否迅速且准确地找到客户的视角？能否立即站在客户的立场？你又如何了解客户的认知高度和广度、思维模式呢？

因此，共情力的培养绝非易事。多年的客户经营经验告诉我，只有多与客户交流，多接触客户，深入了解客户，才能具备良好的共情基础。我常对伙伴们说，要与高客共情，必须了解他们的认知、价值观和行为习惯等。在没有能力和不了解真相的情况下，千万不要随意共情，否则可能会事与愿违，甚至闹出笑话。更不要片面地认为，共情只有在发生坏事时才需要去做。

### 5. 娱乐感

娱乐感：通过幽默与游戏化体验来激发创造力。我的团队一直坚持“微笑比绩效更重要”的原则！许多从事寿险营销多年的专业人士，内心深处依然难以真正认同这份职业，更遑论对其产生热爱之情。他们往往是在缺乏更佳选择的情况下，仅为了获取一份收入而继续从事这项工作。在他们的工作中，娱乐感几乎消失殆尽，这样的人很难获得良好的发展或持续的高绩效。然而，必须承认，多年来，保险机构在打造娱乐感方面，确实展现出强大的能力和显著的成效。

作为有一万多场“王者荣耀”游戏经验的爱好者，我借助该游戏总结了《从王者荣耀看营销拐点》《从王者荣耀看个人修炼》《从王者荣耀看团队管理》三堂课，并得到很多一线团队的好评！这种授课内容更具代入感，更容易被轻松接受！

幽默被誉为人类智慧的最高形式，而幽默、愉悦的态度则是创新型人才的鲜明特征。一个富有幽默感的人，无论何时都能受到大家的喜爱。近年来，脱口秀、吐槽大会等节目广受欢迎，再加上早些时候的相声和小品（如德云社的相声，至今仍让我着迷），无不反映出人们对幽默所带来快乐的强烈追求。在寿险营销领域，巧妙地运用幽默，不仅能助力传达复杂的信息，还能营造轻松的沟通氛围。在团队管理中，幽默更是能减少内耗、消除偏见、缓解紧张气氛并提振士气。然而，令人遗憾的是，幽默在团队管理中往往容易悄然消失。

快乐是点燃创造力的引擎。与幸福不同，幸福往往有赖于特定条件，而快乐则无需任何前提。喜欢笑的人往往更具创造性，那些能在一起谈笑风生的人，同样也能默契合作。现在，不妨审视一下，你的团队已有多久未曾沉浸在欢声笑语的氛围中了？大家是更愿意聚在一起，开心大笑，还是总是匆匆擦肩而过呢？

在寿险团队的经营过程中，营造良好的氛围至关重要。一个充满欢声笑语、氛围融洽的团队，其绩效必然不会令人失望。西雅图派克鱼市的经典案例就生动地诠释了这一点：哪里有快乐，哪里就充满希望，一切都不会太差。

## 6. 意义感

意义感：追求更高层次的生活目标，将个人行动与更大价值相联结。关于意义感，坦白讲，无论是从底层逻辑，还是从人生宏观大视角来看，我的认知都还不够深刻，也不敢妄加评论。然而，在懵懂之中，我似乎感觉到，寿险营销在招募和新人培训过程中，往往会在价值阐述这一环节强调寿险的意义以及自我成长的重要性。尽管我非常认同培训中所传达的意义，它也是全新思维中意义感的一部分，但我更多观察到的是关于营销和一些刻意回避的影子。我在团队中反复强调：我们必须将赚钱与意义并行看待！要勇于直面当下的困境，不要将意义和赚钱视为表里关系，否则我们很可能会在未来迷失自我。

工作服务于生活，而生活源于我们生命的意义。每个人都必须清晰地认识到自己想要什么样的人生，期望过怎样的生活，希望从事怎样的工作，然后脚踏实地地去实现。在平凡的工作中发现自身的价值。

其实，每个人在潜意识里都渴望将精神价值融入工作中，这样他们便能全身心地投入。然而，有趣的是，当真正付诸实践时，却会感到不自在。人生的意义和目标犹如一条奔腾不息的河流，而现实的团队状况却常常像一道坚固的堤坝，将其阻挡在外。若能将团队小伙伴的精神价值与团队目标紧密结合，必将带来丰硕的成果！

我所在的团队秉持的一项重要原则就是：所有人的梦想总和，就是团队的梦想！而且，我一直坚信这是一个极为正确的理念。幸福并非刻意追求而来，而是随之自然降临。

让工作为你而荣耀，将周一到周五的“被动应付”转变为一种使命！使命就是最令人满意的工作方式，它与感激之情一样动机单纯，是为了满足精神需求而非单一追求物质利益。越是感到幸福，效率越高，收入也越高。过程才是关键，目的地不是。赠人玫瑰，手有余香！坚持做正确的事，结果就不太差！很多好的回报，其实并非在你的预期之内，它的出现既是偶然也是必然的。树立健康正确的价值观，保持好的心态，你会发现一切都是那么美好，一切都是最好的安排。所以积极地去发现生活中的意义吧！

## 寿险从业者的自我破局与跃迁

2024 年，在与团队小伙伴们交流时，我发现很多小伙伴进入了瓶颈期或困惑期。他们感觉每天忙忙碌碌的，但是没有什么结果或者说结果不尽如人意。当然，部分小伙伴在我将时间和工作量化后，发现自己的“忙”其实是一种假象，自己每天的有效工作时间很短。但也确实有许多小伙伴很努力，却感觉成长慢、收获小。

如何解决这个问题呢？我看到许多小伙伴选择通过更加努力和勤奋的学习来突破瓶颈期。他们积极参加各类分享会，汲取各路高手的经验，从线上直播到线下面对面交流，忙得不亦乐乎。然而，很快新的问题又出现了：每次听分享时，虽然当时感触颇深，甚至有发现新大陆般的兴奋，但最终在实践中却鲜有突破性的改变和提升。

首先，更努力、更勤奋，听分享、向高手学习，这些做法本身并无不妥，但并不能保证你能成功打破瓶颈，实现快速成长和高性价比的回报。原因主要有两点：一是你并未真正掌握所学内容，二是你仅仅停留在理论层面，未能将所学付诸具体行动。

热衷于参加各种培训，积累了数不胜数的笔记、照片和思维导图，这一切让你感到无比充实。然而，这其实只是一种努力假象，因为实际情况并未发生任何改变。甚至你所听到的那些知识，也随着几顿饭的工夫便从记忆中消散。那些曾经认真记录的笔记、拍摄的照片、绘制的思维导图，你又曾在之后翻阅过几次，真正运用了多少？恐怕绝大多数都已束之高阁，尘封不用了吧！

其次，来说说分享。我之前说过，分享和培训是两码事，但现在很多人把分享和培训混为一谈，甚至以分享来代替培训。大家更爱听分享，而不愿意接受系统化的培训，因为前者更有趣、更轻松。

但我想说，分享在很多时候主要是解决意愿的问题，告诉你

“我做了什么，如何做的”。至于能不能做，是否能做到，就是你自己的问题了。而培训所提供的内容必须是你能做的且能做到的，是要有可复制性的。另外，很多分享是被“包装”过的，或者是被刻意要求、引导过的。

我曾总结过三种常见的“误导性”分享现象：第一种是分享者并不清楚自己成功的真正原因，或者所分享的经验仅是其个人认为的核心要素，而实际情况并非如此。第二种是分享者被迫按照组织者的要求进行分享。例如，尽管我是乘坐飞机前往拉萨，但组织者却要求我按照自驾318国道的路线来讲述，这导致我只能虚构内容，这也是许多分享听起来不自然，且让分享者感到尴尬的深层原因。第三种是分享者真正的成功秘诀无法或不愿公开。当然，也有一些成功者依赖于天赋优势，或是抓住了难得一遇的机遇，这类成功的经验是我们难以复制的。

在一次与客户的陪谈中，这位客户显得尤为难得，具有深刻的自我认知。他强调，自己所获得的巨额财富主要源于抓住了某个关键的风口。尽管个人努力不可或缺，但如果没有那个风口，即便再付出十倍的努力，也难以达到今天的成就。用他自己的话说：“这辈子，就这一次了，不敢再奢望有下一次了。”实际上，每位成功者都拥有一个属于自己的“暗箱”。有趣的是，作为成功者本人，有人清楚这个“暗箱”的存在，也有人对此浑然不觉。你会发现，许多被分享出来的成功经验，要么是大家早已熟知的陈词滥调，要么是听起来颇有道理，却难以在实际中应用。

我冒昧地做一个直击要害的判断：许多分享者并未将他们成功的“暗箱”真正透露给你，无论这是有意还是无意的行为。实际上，所谓的“暗箱”并非不可告人的秘密。当然，坊间流传着“不要把你赚钱的秘诀告诉他人，也不要轻信别人会向你透露赚钱的秘诀”的说法。

在这个时代背景下，“暗箱”指的是高手相较于普通人，更擅长利用底层规律和时代发展趋势，放大自身优势，借势突破，从而实现跨越式的成长，这才是他们真正的“暗箱”。那么，如何发掘并快速构建你自己的“暗箱”，借助它突破自身的瓶颈期呢？

有小伙伴可能会说前文谈到的“暗箱”和感觉中的“暗箱”不一样，这很正常。我再举几个案例，相信你就能理解了。实际上，一提到“暗箱”，你很可能首先关注的是“暗”这个字。“暗”往往意味着不为人知，象征着神秘，因此容易引发人们的好奇和关注。

实际上，我认为“暗箱”的核心标准应当是：它是否能够解决我们在追求目标过程中遇到的难题，或者是否有助于我们达成目标、完成使命、脱颖而出，再或是能否显著提升效率，使得某个或某些环节变得更加轻松。

20多年前，作为一名销售，我在一个陌生的城市里面临着客户资源严重匮乏的困境。尽管每天坚持“扫街”发传单、“摆地桌”咨询，依然难以获取足够的客户资源。于是，我转向线上获客的策略，借助互联网上的论坛、聊天室等渠道进行快速获客。

在聊天室里，我能够通过各类话题与陌生人迅速建立沟通和共鸣，甚至赢得好感。例如，若对方聊起咖啡，我便能侃侃而谈，从咖啡的种类、种植、烘焙到萃取，乃至拉花手法等；若话题转向奢侈品，我则会分享许多品牌背后的故事，如纪梵希与赫本的经典合作，卡地亚在珠宝领域的卓越声誉，以及LV品牌在红酒领域的成就等。

屏幕那端的你，或许会认为我格外专业、博学多才。然而，在屏幕这边的我，聊天室界面下方始终开启着某款网络搜索引擎。提及至此，你便会明白，我所展现的博学与专业，实则依赖于搜索引擎迅速获取关键信息的能力。当然，我自身的反应速度和搜索技巧，亦是这一“暗箱”得以奏效的基础。正如《跃迁：成为高手的技术》一书中所述，借助小孔成像技术，可以在保证质量的前提下提升绘画速度。然而，若你毫无绘画基础，不懂得色彩搭配等基本技巧，那么即便拥有这一“暗箱”，你也难以将其效用发挥出来。

在入职保险行业的初期，大家认为我在客户经营方面条理很清晰，客户对我的评价也很高。那时候，虽然业务并不出众，但做得很轻松，很开心。其实我的“暗箱”就是：我建立了客户的档案，还坚持写工作日志，当时我是机构里第一个开始做彩色计划书的人。

# 第二章

# 做好客户经营才是寿险营销成功的关键

## 打造 N&D-CMS 的重要性

N&D-CMS，是近年来我在一线陪谈、陪访、面谈、调研中逐步构建出来的工作模式，通过我们团队项目组的初步运行及行业内同仁的落地实操，证明这个模式若能体系化，并能落实到个人的日常工作中，其功效将非常强大。

N：natural，代表涵盖事物规律在内的自然规律。得益于我反复观看电视剧《天道》所获得的启发，其中探讨了文化属性的区分，即弱势文化与强势文化。强势文化是指遵循事物规律的文化，体现为一种“内求”的文化理念。我这里借用 natural 一词，一是为了更贴近客户经营的“生态化”理念；二是强调寿险经营应以“农耕”模式为主，而非“狩猎”模式，“狩猎”只能作为辅助，起锦上添花的作用。

D：digitalize，即数字化、数据化。在客户经营中，我们必须借助数字化手段进行管理，熟练掌握各种 AI 智能技术，使经营更高效、更准确、更便捷、更贴心。

CMS：customer management system，即客户管理系统，但我更倾向于称之为客户经营体系。因为，这些年我发现许多机构或团队的销售培训、训练等，往往都局限于一个点上，或者是一个小范围、小阶段内。无论是关系型、产品型、理念型还是顾问型销售，都只聚焦于与客户具体面谈（包括线上和线下）时的技能和方法，而未能构建起真正的营销闭环或客户经营生态圈。

建立 N&D-CMS，目的是让我们的成交，乃至在行业内成功，变得更轻松、更高效。即使在用户主权时代，我们依然可以打破单一的被选择状态，实现双向选择，甚至拥有选择权，主动去选择！

起心动念开始研究 N&D-CMS，源于几个在疫情期间结识的寿险行业精英，他们都是 COT（国际百万圆桌会议优秀会员），甚至是 TOT（国际百万圆桌会议顶尖会员），都是百万元级收入的行业佼佼者。在交流中，我发现他们的压力也很大，光鲜的背后透露出的更多是无奈和疲惫。特别是在 2023 年，他们竟然开始为自己的职业生涯而担忧，状态特别不好。

这些问题发生在他们身上，我们也深受其扰。经过多次交流和调研，我大致锁定了问题的根源：我们缺少一个科学的经营模式。这种模式应能穿越周期，而非临时性的，因为它遵循的是事物发展的内在规律。

首先，让我们倍感压力的原因是多方面的：近几年行业政策、制度及机构经营战略有一些调整，而我们平时缺乏对一些慢变量和小趋势的关注，导致这些行业发展周期的正常变化对我们形成了“黑天鹅”式的冲击。实际上，整体趋势必然是朝着更好的方向发展，只是我们这些年习惯了享受红利、走捷径，骤然回归正轨难免感到不适。不客气地说，这源于我们陋习难改，亟须静下心来重新审视和思考。

其次，我们必须承认，个人的时间和精力是有限的。尤其在寿险行业的 A 端，离职或脱落的原因中，我估计超过 80% 是与缺乏客户密切相关。即便是长期留存的从业者，也常因时间管理不当，难以为客户提供细致入微的服务，进而引发客户不满。我们的时间大量耗费在持续开拓新客户上，而非用于老客户的维护和客户的精准筛选。

最后，我们正处于一个多标签、多创新、多变革的时代，我们无法摆脱大环境和时代发展对我们的影响。数字化时代打破了主顾开拓的时间和地域限制，大幅提升了效率，但“用户主权”时代也随之到来。在互联网时代的，客户获取信息的渠道不仅变得极为丰富，而且便捷性也得到了显著提升。信息差已经很难被有效利用，客户之间的连接也在加强，真正以客户为中心的时代终于到了，把客户利益放在首位不再是一个口号。如果我们做不到，就无法持续发展。成交以真诚、专业为基础，但服务必须先行，甚至成为核心竞争力。我们必须从产品、理念至上转向真正的客户至上。

多年的销售经验使我深刻认识到，成交的最大成本在于建立信任，这包括对人性的信任和对专业的信任，二者合而为一，即对人的信任构建。在实际工作中，我们持续寻找新客户，并努力建立新的信任关系，这不仅需要耗费大量时间和精力，有时甚至还需借助一些难以言喻的微妙因素。

同时，我们也会发现，在主顾开拓遇到瓶颈时，往往会转向老客户寻求帮助，此时却发现由于缺乏持续的经营，需要重建信任关系，这需要耗费大量时间和精力。以前有这样一个说法：每天进步1%，一年之后能力就能提升至原来的 37.8 倍。然而，很多人发现，明明每天也进步了 1%，却并没有达到 37.8 倍的效果。这是为什么呢？原因在于，他们每天进步的起点并非昨天的终点，而是每次都从零开始，没有产生叠加效应。如果能在与客户建立信任这一环节上借助叠加效应，就能达到事半功倍的效果。

150 定律，亦称“邓巴数字”，由牛津大学的人类学家罗宾·邓巴（Robin Dunbar）于 20 世纪 90 年代提出。该定律基于猿猴的智力和社交网络的研究推断：人类的智力水平使其能够维持稳定的社交网络人数约为 148 人，四舍五入后约为 150 人。这一发现再次提醒我们，时间和精力是有限的，因而能够服务的客户数量也有限。如何在有限的时间和精力投入下实现最大回报，需要我们构建一个科学的客户经营体系，这正是 N&D-CMS 应运而生的原因。

然而，建立 N&D-CMS 同样需要时间，对于当前面临的困扰，它难以立竿见影地发挥作用。它并非救命稻草，甚至不算是一剂治病良药，而更像是我们的养生之道，旨在从根源上预防问题的发生。古代名医扁鹊曾言：“长兄于病视神，未有形而除之，故名不出于家；中兄治病其在毫毛，故名不出于闾；若扁鹊者，镵血脉，投毒药，副肌肤间，而名出闻于诸侯。”希望大家不要因客户经营需要厚积薄发，反而忽视了它的重要性。

## N&D-CMS 的落地执行

前面探讨了打造 N&D-CMS 的重要性，接下来我们一起探讨如何落地执行，在实际工作中发挥作用。

2022 年，我们的董事长蒋铭先生曾分享过一则案例。在考察寿险业发达的国家时，他发现了一个独特现象：当地寿险机构或板块若要扩张并大幅提升业务规模，几乎只能依赖并购手段。

究其原因，当地寿险顾问一旦与某家庭建立服务关系，该家庭的所有寿险业务便会全权委托给这位顾问，且这种关系轻易不会变更，甚至可能出现代际传承式的合作。这意味着该顾问实际上已将这个家庭锁定为自己的长期客户，其他顾问几乎无法介入。由于一个城市的家庭数量有限，且在这种服务关系极为稳定的情况下，主顾开拓领域逐渐形成了一种持续、稳定，乃至近乎固化的家庭客户服务关系链。同时，在没有家庭财务大幅变化的加持下，机构或板块的业务波动性也极小，因此若想扩张，只能通过并购的方式。

在这个案例中，诸多问题值得我们深入探讨：客户的保险认知究竟达到了何种水平？一个能被家庭决策者选中作为终身寿险服务提供者的寿险顾问，应具备哪些特质？需达到怎样的标准？他们之间的互动关系又是怎样的？然而，无论问题有多少，有一点我们可以直接且清晰地观察到：这种以家庭为单位、持续合作的模式，成交成本显著降低。而这种成本的降低，主要源于信任成本的降低。寿险顾问无需不断建立新的信任，也无需反复重建信任，这背后所体现的是时间、精力、财务等投入产出的高性价比，展现了一种高效能的运作模型。

因此，在构建 N&D-CMS 的初始阶段，我们首先对“客户”进行了重新定义。过去，我们的客户通常是以个人为单位，然而现实中，一个家庭的寿险服务顾问往往不止一位，且分散在不同的渠道和机构。我们重新定义客户的思路为：从关注单一个人扩展到涵盖整个家庭乃至家族，从提供阶段性服务转变为终生陪伴，从市场共享资源转向私域独有资源。

在研究家庭客户时，发生了一件很有意思的乌龙事件。当时我觉得要设计这种以家庭为单位的终身陪伴式服务模式，就一定要思考一个家庭在不同阶段的特点和需求，以及会和寿险顾问产生什么样的关系。“家庭周期”是我在加班时忽然“蹦”出来的概念，还熬夜整理了一个分阶段的家庭周期图表，以一个新中产家庭为例，从结婚成立一个新家庭为开始，经历生儿育女、人到中年、退休养老，最后到百年之后，其间辐射了至少两代家庭成员的寿险需求。

在整理完这个“家庭周期”的图表后，我很兴奋，认为自己创造了一个非常好的理念，而且为“家庭客户”的经营提供了非常清晰的轴线。就在我极度兴奋的时候，多年的习惯让我在网上搜索了一下“家庭周期”，猛然发现这个概念早在 1947 年就有了：家庭生命周期是一个家庭形成、发展直至消亡的过程，是反映家庭从形成到解体呈循环运动的变化规律，最初是由美国人类学家格里克提出。在市场营销学中，家庭生命周期特指消费者作为家庭成员所经历家庭各个阶段形态的变化，用以分析和揭示消费者在不同阶段消费的形式、内容和特征等，从而作为市场细分的变量。一般可以分为单身阶段、新婚阶段、满巢阶段、空巢阶段、退休阶段和鳏寡阶段六个阶段。

这个乌龙事件并没有打击我，反而激励了我。看来自己多年的营销经验还在，与前辈总结的概念类似，也说明自己之前的学习是有效的。结合国内的实际情况和日常对客户家庭的了解，我在“家庭生命周期”的基础理论上，将一个家庭、两代人分为：新婚、添丁、学龄前、学龄中、青春期、另立门户、中老年生活七个阶段，其中，中老年阶段又做了细分。每个阶段对应着不同的家庭结构、财务结构等，也对应了不同的寿险需求。按照新中产家庭的标准，我们计算出一个家庭在一个周期内，大约会提供 57 万元的十年标准保费的业务机会。如果我们有 100 个这样的家庭客户（我所在的机构目前正在推动 200F 计划，就是每个寿险顾问要为 200 个家庭提供专业的保险服务），就是5700万元，分配到30年的职涯中，平均每年为190万元的寿险业务，这基本可以满足大多数寿险从业人员的业务需求。

然而，我们也必须认识到，这只是一个理想的计算模式。在现实中，我们可能会在不同的阶段进入一个家庭，开始提供服务。目前，鉴于我们的综合能力、客户认知以及市场环境，尚无法一步到位地实现这种经营模式。但至少我们可以明确，这是一个不可逆转的趋势，并且现在就应着手运作。这不仅是一个长期的发展方向，也是当下解决我们工作效率低下、回报率低等问题的有效途径。在近半年的实践中，事实和结果已经充分证明了这一点。因此，以家庭为单位的客户定位无疑是一个非常好的开始。

考虑到团队成员处于不同的成长阶段，同时为了确保N&D-CMS模型的完整性，我们从非同业新人的入行起点开始设计。首先，我们构建了客户分层经营的基础架构：将潜在客户的标准从仅拥有联系方式的名单略微提升，定义为那些我们对其具有一定影响力的人，不论其是X（缘故）、Y（转介绍）、Z（陌生）中的哪一种关系。

其实我们过去常说的X、Y、Z三种关系的主顾开拓市场，其间的壁垒及优先级已经发生变化，特别是在互联网、自媒体等因素的助推下，由X关系型演变出来的半熟人型市场正在快速升温！关于准客户的标准，我们在潜在客户标准的基础上，简单定义为接近或已经步入成交黄金期的客户。那么成交黄金期的标准又是什么呢？我们可以定义为客户具有购买能力，对保险有基础认知，有真实的保险需求，并处于一种需求可被激发的状态。至于成交客户的标准，其实相当明确，我们成交的每一位客户都属于我们的成交客户范畴。然而，在实际操作中，可能需要对那些通过二维码转发等方式直接成交的客户进行初步筛选。当然，如果你当前极度缺乏客户资源，这些快速成交的客户或许可以作为一个补充资源。尽管遇到优质客户的概率较低，难度较大，但可能性依然存在。

接下来，重点来了。我们在成交客户标准的基础上推出了家庭客户，可以说，这才是我们未来真正的标准客户。理想状态下，家庭客户的标准是，整个家庭的保险服务在非特殊情况下，均由我们全面提供。当我们听到客户表示："以后我们家的保险都交给你啦！"并且客户能够言行一致，这便标志着一位家庭客户的正式诞生。

在家庭客户层级之上，我们进一步构建了核心客户和 VIP 客户的分层体系。这一设计充分考虑了"邓巴数字"理论的影响以及投入回报比的因素，主要基于客户对我们的多维贡献度划分出六个层级。这六个层级的客户标准仅能在概念上进行初步定位，因为每位团队成员的核心优势、目标客群和工作需求各不相同，导致每个人的 N&D-CMS 也有所差异。因此，尽管整体结构和核心理念保持一致，具体的标准和后续的推动措施则会因人而异，即便是即将讨论的定制服务也不例外。

N&D-CMS 是每个人独有的系统，因此其形态各异。在项目组中，为了更直观地理解客户的分层情况，我们将六个层级进行了简明扼要的解析，旨在最大限度地降低后续落地执行的难度。

当小伙伴借助各自的 N&D-CMS 进行客户分层时，我们会发现，每个人的标准各不相同，但这并不妨碍我们客户经营的整体进程。当然，在实践中仍需不断优化和完善，以确保构建出最适合自己的经营体系。

在客户分层经营理念的指导下，我们可以将打造个性化 N&D-CMS 的过程划分为初期、中期和后期三个阶段。

初期阶段的核心任务是开拓主顾和建立客户库。实际上，许多小伙伴已拥有客户资料库。然而，经过调研，我发现大家对标准资料库的定义并不明确，例如，资料库应包含哪些信息，更新和检视的频率应如何设定，资料库的动态管理如何助力我们的成交。

过去我们借助 Excel 表格来搭建基础的客户数据库，虽不完美，但能满足业务需求。如今，我们通过飞书和 AI 工具“扣子”，数据库的使用变得更加智能和便捷。

在项目组中，将现有客户按照自行制定的标准进行分层并录入资料库的工作，已成为一大难题。由于需要逐条整理和录入，过程极为枯燥，所以大家普遍缺乏耐心。然而，在实际执行过程中，大家发现通过系统整理客户资料，竟能挖掘出新的销售线索，甚至促成了一些意料之外的业务成交，N&D-CMS 的潜在价值已然开始显现。在构建基础客户库时，除了录入客户的基础信息外，记录客户的当前状态和分层情况（动态变化、非永久固定），以及明确其享受的服务标准，显得尤为关键。

在中期，我们着手实施客户分层经营，并构建相应的客户经营模式，逐步确立自身分层经营的具体服务内容。例如，针对已成交的客户，我们可以提供哪些具体服务，并将其作为经营的关键手段。然而，并非所有成交客户都需要享受全部服务，成交客户内部仍可进一步细分层级，此处不再详述。

值得一提的是，一位参与项目的小伙伴分享了一个有趣的插曲：过去他常常不清楚每日工作内容，缺乏计划，想到什么就做什么。而在建立客户经营体系后，每日时间竟显得捉襟见肘，这无疑又引出了新的问题。实际上，这源于服务细分不足，以及对服务频率和标准界定不明确等原因。

在后期，我们将家庭作为客户单位，构建成熟的客户运营体系。在体系搭建过程中，若你仍感到困扰，我们可以遵循以下三步来推进。第一步，静心思考，基于自身的核心优势和需求，结合过往经验，明确你的目标客户是谁，或者哪些客户最适合您。切勿轻信那些鼓吹“不要自我设限，所有人都是你的客户”的鸡汤言论。你可以对未来的客户群体进行细分，初步勾勒出首选客户的画像。第二步，深入了解你的客户，务必借助数据化和证据化手段，从历史交易、人性特点、过往互动、个性偏好等方面入手。第三步，建立个性化的客户经营模式，针对每个客户制订定性化的经营计划，该计划应基于共性基础，涵盖常态化的经营动作。

## N&D-CMS 的终极形态

打造专属 N&D-CMS 的终极目标是：只为心仪的客户提供服务；以自己偏爱的方式，轻松达成工作目标。即便从旁观者的角度看，你似乎并未刻意为之，也未付出过多努力，但你所取得的成就却令人无比羡慕！

当你拥有自己的 N&D-CMS 时，未来的某一天，你的生活可能会是这样的：

早晨在完成晨练和享用早餐后，上午 9：30，你将通过线上的云端会客厅与客户马先生探讨家族信托的相关事宜。中午在家享用完午餐后，你驱车前往客户麦先生的公司，亲手送上你根据他喜好精心挑选的生日礼物，并与之闲聊几句。下午，你习惯性地前往星巴克享受下午茶时光，与同样爱好此道的客户蓝女士在咖啡厅会面，顺便讨论孩子教育金的规划问题。晚上，你受邀参加客户李先生的家庭派对，并准备了一瓶麦卡伦 12 年陈酿作为礼物。回到家后，你整理好高尔夫装备，因为明天已约好与客户一同前往果岭挥杆。

在旁观者眼中，你的一天似乎是这样的：睡到自然醒、半天不出门，悠闲地喝咖啡、参加聚会。然而，你的绩效却异常出色，这难免让人觉得不公平，甚至心生嫉妒。实际上，你不过是按照自己喜欢的方式工作罢了，而这背后，N&D-CMS 的功劳不可小觑！N&D-CMS 结合“农耕模式”，能让你清晰地了解每天需完成的工作任务及预期成果。更可贵的是，你拥有决定如何完成工作的自主权和主动权，换言之，你掌握了最终的决策权。

尽管之前曾探讨过如何构建和打造自己的 N&D-CMS，但并未深入展开，也未提供具体的工具和详尽的流程。在 2024 年下半年，经过实战检验的应用工具已经问世，到了 2025 年，因为 AI 的赋能，其效率更是大幅提升。项目组的小伙伴们虽然普遍反馈良好，但仍在摸索阶段。然而，这一切并不妨碍你着手建立自己的 N&D-CMS，只要你付诸行动，必有所获，无需等到最终时刻。

关于如何与客户相处，建议依据自身的核心竞争力或天赋（需考虑邓巴数字理论的效应），最大限度地利用各类资源以实现工作目标。你可以从关系、社交、价值、偏好、潜力、场景等多个维度来评估客户，同时明确自身的经营策略。学会科学地评估客户是你工作的必备技能。在实践中，N&D-CMS 的客户服务标准和内容并非固定不变。例如，一位极具潜力的准客户，甚至潜在客户，经过评估后，可能会直接享受 VIP 级别的服务标准。

这是一个超级个体崛起，需协同共生的时代。无论你多么强大，无论你将N&D-CMS构建得多么完善，掌握团队协同作业与工作外包都至关重要。若追根溯源，或许会再次提及邓巴数字理论，同时也会谈到盖洛普的《首先，打破一切常规！》。

在实战中，N&D-CMS通过四表联动来落地实施，即基础表（一）、月度客户表（二）、周单元经营表（三）和客户面谈表（四）。四个表的使用顺序是从四到三，再到二，最终是一，后续将对此进行详细讲解。

## 客户基础表之庖丁解牛版

客户基础表不仅仅是一个简单的表格，它构成了客户经营的核心数据库。其呈现形式多种多样，包括但不限于表格、卡片和APP等。这一概念或工具早在20多年前我初入行时便已存在。我至今仍记得1997年亲手制作的客户档案卡片的模样。然而，在如今的工作中，我惊讶地发现，许多小伙伴竟然仍缺乏基本的客户经营数据库。他们要么依赖一份简略的名单列表，要么仅凭个人记忆，要么借助机构提供的简易系统来管理客户信息。

这样的状态难以满足高效客户经营的需求，同时也使得团队小伙伴陷入无序且低效的忙碌之中。实际上，我们追求的销售技巧仅仅是客户经营过程中的一个环节。如果客户经营未能理清整体思路，即便在销售环节竭尽全力，也不过是杯水车薪。关于客户经营生态化构建的重要性，在N&D-CMS的内容中已经多次强调，此处不再赘言。

有位小伙伴跟我吐槽：现在为什么越干越迷茫了？我的回答也很扎心：因为这几年你们被短期的红利诱惑了，已经忘了经营的本源。机构疯狂敛财，但机构有未来持续经营的资本，而你们只有当下的资本透支，没有可持续发展的动力（技术）和资源。如果你足够强，可以跟着机构继续走；如果你不够强，就只会是一个在这一轮中为机构做过贡献的过客，当然你也至少喝到了粥，甚至是吃到了面包。

我在“搞定收入”训练营里明确说过，现在挣大钱是很难的，我们天天和客户讲“复利”模式，自己为什么却只追逐当下的单利呢？我们讲长期主义，却不肯去做正确但难的事，这是典型的投机主义！寿险行业的回归，不是单一的产品形态回归，不是经营秩序回归，对于我们来讲，是模式的回归，是方向的回归。现在的变化，就是一个筛选的过程，更是一个淘汰的过程，也许还真是“剩”者为王。

鉴于很多小伙伴表示对客户经营基础表的建立和使用仍不太熟悉，下面我将尝试庖丁解牛般拆解客户基础表。但我要再次强调，表格只是工具的某种形态，你可以用各种形式替代，但是内容和功能一定是一致的。

当前是什么因素导致你的成交率低、绩效不佳，进而导致收入难以提升？我认为主要问题可能在于：要么你缺乏足够的潜在客户，要么你的潜在客户总是被竞争对手抢走，当然，还可能是你的客户群体质量不高。今天，我们不从销售技巧层面探讨，而是从整体客户经营的角度出发，重新简单地审视这一问题：

如果你能确保有人（准客户、客户）可见，并且在对的时间见到对的人，再做对的事，你是否还会陷入低绩效的困境呢？答案显然是：绝对不会。你日常的客户经营、营销和服务工作，往往只关注纵向轴（时间阶段轴），而很少兼顾横向轴（客户状态轴）。换句话说，你可能认为客户的黄金购买期就是你希望他购买的阶段，尽管你会为此列举诸多理由，但结果如何呢？在客户经营中，我必须再次强调，信任必须置于首位，务必追求效率，而复利模式的选择也同样重要。

基于过往经验和近两年团队所积累的数据与证据，我发现将客户经营基础库作为日常工作的起点，要实现丝滑、高效、高产的效果，大致需要经历一个周期。

起初，你的进展可能会较慢，因为需要构建自己的客户经营基础库。尽管逻辑和流程大体相似，但在实际操作中，每个人的基础库在标准、内容乃至使用方式上都会存在差异。因此，起步阶段你仅拥有基本的模式、逻辑和流程，而其中的标准设定等方面，都需要你结合自身实际情况，不断进行设定和调整，直至其开始发挥效用。此时，你会明显感受到工作效率的提升，操作速度也随之加快。

然而，令人遗憾的是，你将不得不再次放慢步伐。这是因为随着你的效率提升，工作量也随之增加，经营数据及逻辑亦将发生改变。届时，你会发现原先设定的标准和内容已无法适应当前的运营状况，比如客户的常规维护周期等。因此，你不得不重新放缓节奏，进行调整。

随后，你将再次提速，你会发现这次的提速与上次相比，其意义截然不同。最终，你将再次放缓脚步，因为此时你已正式步入客户经营的舒适区。此时的“慢”，实质上是一种松弛感，高效、高频等工作状态已自然融入客户经营的自动化流程中。留给你的，唯有简单、轻松、高回报的工作体验。这样的状态，你是否喜欢？答案几乎可以肯定：喜欢。

就像我之前在N&D-CMS内容中提到的，客户经营的终极目标是：只服务自己喜欢的客户！这听起来很简单，但是千万不要误解，因为其中隐藏了很多的前提和逻辑。接下来，我们对客户基础表中的每一项都做了详细解析。确保大家能轻松上手，开启自己的客户经营之旅。

首先客户基础表里包含了谁的信息？我通常把信息的主人分为

潜在客户、准客户、成交客户和重要关联人。如果以家庭为单位来定义客户，则一定要包含所有的家庭成员。

**潜在客户：**你认为有经营价值，且能联系上，但尚未谈及保险话题的客户。个人建议，不要被“人人皆为我客户”的谬论误导了。

**准客户：**你和对方谈起过保险话题，对方并未明确拒绝，或者可以持续联系的潜在客户。

**成交客户：**至少在你这里购买过一次保险产品的客户。我所在的团队，只要完成一次服务，如保单托管、咨询服务等，就可以定义为成交客户。

**重要关联人：**在客户经营中具有较大影响的人。例如我曾经就把客户的直属上司列入重要关联人中。

其次是客户的分级问题。客户的分级因人而异，因需而分。因此，我一直强调，客户经营几乎都是定制的。尽管背后的逻辑和结构可能相似，但其经营的内容和标准却有差异。这里的区分是从我们自身和客户两个维度或视角来双向进行的。我将客户分为 11 个级别，其中在潜在客户、准客户、成交客户这三个领域内，分别设置了普通、中级和高级三个层级，如此便形成了 9 个分级。分配标准主要依据客户的财富级别和与我们的黏合度，当然，划分标准也可依据其他维度。细化分级主要是为后期的定制服务做准备。第 10 个级别是家庭客户。在设计 N&D-CMS 体系时，我反复强调了以家庭为单位的重要性。第 11 级是 VIP 客户，就是你喜欢的，且性价比最高的客户群体。

我们的客户经营做到最后，前面的 10 级基本都消失或者很少存在，我们会把经营动作集中在 VIP 这一层面。此时，我们的客户经营已达到了如呼吸般自由的境界。

客户的信息，甚至是重要关联人的信息，都填写什么呢？这里我举个例子，你可以根据自己的经营需求来决定录入的信息，你要确定什么是你必须知晓的。录入过程中，你可以厘清已经知晓的信息，明确哪些信息尚未知晓，需要收集。

客户基础表的信息是动态的，我们除了记录基础信息，还会记录客户与我们交流的最后状态，并在备注栏填写相关的信息，如“在最后一次的面谈中，客户提到了养老的问题，表示比较担心养老期间的医疗问题，而且还提到了近期打算处理两套闲置房产等信息”。记录这些信息对后续的经营和更好地为客户提供专业的服务有很大的帮助。

**小结：基础信息 + 动态信息 = 目前状态。**

另外，我个人建议，小伙伴们不要热衷于打攻坚战，不要锁定一个客户就一定要在短期内拿下。对客户“死缠烂打”，盯得客户无处可逃。我个人认为这是蛮干！客户在没有进入购买的黄金期，强拉强卖，其结果一定是很糟糕的。

# 第三章

# 关于寿险营销实战的杂谈

# 社群经营助力实现高绩效

社群营销助力成交，并非寿险领域的专属，它适合很多领域。在这个高概念、用户主权的时代，通过社群经营获取高绩效的比例，正以肉眼可见的速度在大幅增长。同时，在互联网的加持下，OMO的社群经营模式更是成为很多行业高手轻松获取高绩效的“暗箱”。

2020年，我几乎在每次销售辅导中都会提及——要想成为一名轻松的高绩效销售人员，经营一到两个有活力的社群是非常不错的选择。这样的社群不仅能解决客户资源问题，还能解决招募问题，更能从资源共享、信息搜集等方面多维度满足你的需求，让你轻松搞定高绩效！当然，组建社群不是唯一的选择。

## 1. 什么是社群

社群是由一群拥有强烈身份认同和归属感的人组成的，具有紧密连接关系的社交部落。通过圈层化的互动和体验，社群成员之间实现了资源共享和互利共赢。社群不仅活跃于网络空间，也广泛存在于线下生活中。在我看来，微信的普及极大地推动了社群的蓬勃发展。社群的主题或其底层的关联基础呈现多样性，例如读书会、羽毛球俱乐部、脱口秀俱乐部、滑雪俱乐部、高尔夫俱乐部等。

起步阶段，你可以选择参加社群活动；后期，我强烈建议你组建一个匹配自己兴趣、天赋和需求的社群。此时，你依然可以参加其他社群的活动，还可以进行互动、交换资源等。

作为寿险从业者，要想工作轻松、绩效又高，最困难的阻碍是什么？我想大约是缺乏足量的高质客户，建立彼此高度信任的难度，以及时间和精力的匮乏。这些阻碍，在一个高质量运营的社群面前，都显得微不足道。这样的理由，是否足以激发你去经营一个社群的冲动？当然，我必须承认，或者再次强调，经营一个社群并非轻松成为高绩效者的唯一途径，但无疑是一个优质的选择！

2015 年，我创建了特斯拉车主俱乐部，成功拓展了我的高客经营圈。这不仅是对客户资源的积累，更是对眼界、视角和格局的整体认知提升，成为我在后期高客经营中取得一定成就的重要助力之一。

2017 年成立的全国智能家居经销商营销俱乐部和 2018 年成立的全国整木定制经销商营销社群，使我对社群的强大影响力有了更为深刻的理解。同时，这些经历也带给我丰厚的回报，坚定了我探索社群经营助力营销发展模式的决心。

2019 年成立的樊沈第三学习小组读书会，让我亲身体验了与平台合作、借势运营、快速发展的社群经营模式。而且，这个读书社群的经营在我离开沈阳三年后的今天，依然让我受益匪浅。这正是社群的魅力所在，它所带来的价值远超你的想象！

## 2. 好社群的标准是什么

一是要具备吸引力，因此必须深入研究社群成员的价值观和偏好，并持续进行创新和变革，以吸引社群成员追随你或你的社群。

二是要创造价值，为了确保持续吸引成员，必须不断创造价值，必须以参与者为核心，聚焦于他们亟待解决的问题。

三是要营造快乐氛围，快乐是一种综合感受，可以通过精心设计来实现。但须谨记，经营社群绝不能仅让你单方面受益，务必构建一个双赢的模式。切勿过度商业化，社群绝非你单纯捞钱或捞资源的工具。

你必须努力践行以上三点，并确保社群成员能明显感受到这些努力。

## 3. 如何组建和经营一个社群

在组建社群前，你需要给社群做个定位，包括社群主题、名字、目标人群等，你还要想清楚社群的价值目标、经营举措、资源配置等。有了这些基础，你就可以组建微信群了。

接下来，你要做的第一件事就是引流。一个思路：如何找到目标人群，如何建立联系，如何让其加入社群。另一个思路：如何让更多的人看到我，找到我，加入我。很明显一个是线下思维，一个是线上思维。如果你是社群运营高手，使用一套 OMO 组合引流，效果会非常好！

通过引流构建基础人群后，应迅速启动活动组织工作。组织活动是一项技术含量较高的任务，如何在有效控制成本的同时，策划出高品质的活动，需要你在活动设计、宣导、执行，直至活动总结和转化等各个环节，均进行周密的事前准备、精准的过程把控和出色的结果呈现。

当社群经营到一定程度，成员对社群的依赖性及对你的信任达到足够高度时，你便可以启动转化工作了。请谨记，你的一切行为必须以双赢为宗旨，将真诚置于首位。你只需引导社群成员在众多服务对象中选择即可。

社群的作用在于帮你建立联系、提供展示平台、助力信任构建。若你的基本功不扎实、专业能力不足，依赖忽悠等非正常手段促成交易，不仅效果不好，还会导致社群迅速沦为“僵尸”社群，最终无声无息地解散。

### 4. 如何做好社群组织者

首先，你要积极主动，乐为人梯。组织者的个性、气质、价值观等，都是影响社群经营的重要因素。无论社群主题多么好，活动组织多么吸引人，都不能成为你懈怠的理由，你要持续保持积极主动。在经营中，你要把成员的利益放在第一位，真正借助社区这个载体为他们提供价值、解决问题。

其次，你要经常问自己，我为社群成员带来了什么，以什么样的方式呈现给他们，他们的体验感如何。活动的频率、时长、强度等，都要充分考虑成员的体验感。社群为成员提供的价值大小，决定了成员对社群的重视程度和依赖程度。

最后，你要坚持学习，敢于突破。社会在变化，各行各业在发展，社群的经营也要与时俱进。你要时刻关注成员的动态，对社群从内到外的各种影响因素保持敏感度。牢记：在社群经营的初期，不要轻易做大变动，因为这时的社群还不稳定，大动作容易对社群产生负面影响。

### 5. 一个社群案例分享

分享案例前，我先要感谢樊沈第三学习小组的所有成员，感谢大家这一路对我的支持和包容！

在学习新零售的过程中，我对社群营销产生兴趣，但鉴于自己没有经营过平台式社群，也没做过以文化为题材的社群，结合自己2015年组建和经营特斯拉车主高端社群的经验，我计划组建一个以文化学习为主题的社群。经过对得到、樊登读书、混沌大学三个文化平台的评估，我觉得樊登读书平台更容易切入，且非常适合自己。

**我对社群的定位如下：**

目标人群：喜欢读书或者想通过读书改变自己的人。

提供价值：提供能学以致用的输出。

运营周期：2年或者视情况而定。

社群标签：强势输出、与时俱进、定期活动、年轻活力……

**引流阶段：**

2019年9月，我加入了沈阳樊登读书平台官方组织线下创业营。通过线下引流的方式，积极参加线下活动。在活动中，我积极发言，认真完成作业，主动把自己的作业发到微信群里，以吸引关注。

之后，我抓住了一个合适的机会，激发了营员们对稳定性和熟悉性的需求，发起建议：组建一个固定的学习小组，每次坐在固定的位置，基本固定的成员，并起名为“河图老师大讲堂第三学习小组”。人家的地盘，做事得懂规矩，有了这个名头，我就可以在创业营的微信群里“招兵买马”了。

我先在“创业营”微信群里发布了海报，宣称还有9个名额，实际上只有我一个人，这算是一种营销策略吧。在海报内容中，我充分考虑了与创业营组织者的共赢关系，突出了对小组成员未来价值的呈现，明确了适合参与的人群画像，并对未来发展进行了展望。海报发布后，每当有1人报名，我便及时更新海报信息。经过一天的不懈努力，成功招募了9位创业营的书友。

有了9名初始小组成员（他们后来成为社群的元老，在此再次表示感谢！），我迅速在沈阳金融中心的星巴克会议室，组织大家开展了首次现场交流研讨会。具体内容在此不赘述，但请留意我在时间把控和地点选择等方面的考量。在创业营结束前，第三小组陆续迎来了近20位书友的加入。

2019 年 11 月份，创业营结束后，我立即组织元老们研讨后续的经营问题，大家一致同意将第三学习小组保留，并更名为樊沈第三学习小组，小组宗旨是：热爱读书，学以致用。通过研讨，我们还确定了第二次线下活动主题——共同学习《反脆弱：从不确定性中获益》，但很快大家就反馈这本书太难读了，我马上制作海报，连续在第三小组微信群、尚未解散的创业营微信群里发布，其间也吸引了几十名新书友加入第三小组。

第二次线下研讨会就变成了《反脆弱：从不确定性中获益》读书会，这个读书会需要一个强输出者引导大家学习。没想到，最后也没找到愿意承接的人，于是我被逼上了台。最后，读书会到场近 30 人，虽然过程不是很完美，但是参与者都乐在其中，并表示以后要继续参加活动。特别说一句，活动地点选择在 CBD 五星级写字楼的斑马公社创业空间里。

**经营阶段：**

我们固定每两周举行一次社群活动，由我来引导大家共同学习一本书。每一次活动后，我们都要集体合影留念，并把读书 PPT 分享给每位书友，鼓励大家发朋友圈，邀请更多的书友加入。

2020 年 7 月，社群快速发展到 300 多人。但在这时，我做了一个不明智的动作，就是前面提到的，在社群尚未成熟时做了大调整，导致社群成员大幅减少，还好我及时回归原来的模式，社群也再次稳定下来。这个社群的经营，在后期给了我很大的回报，再次感谢所有的成员。

我想告诉大家，经营一个社群是需要全力以赴的。这里分享一个活动中的趣事。我们在学习《如何结交比你更优秀的人》时，书友们开玩笑说：“隋老师，你能联系上这本书的作者康妮老师吗？要求康妮老师录个视频，提到我的名字，提到第三学习小组。”他们没想到，我竟然应战了。我承诺在两周之内联系到远在美国的康妮老师。虽然其间的坎坷只有我知道，但最后的结果让我特别欣慰！因为我拿到了康妮老师为我们社群录制的专属视频。

作为寿险从业者，我们的社群可以是直接和保险相关的，通过自己强大的专业 IP 和真诚的人设来经营社群。但是我们必须承认，这样的社群在组建初期是极其艰难的。所以我通常建议先组织目标人群的爱好社群，打造好自己的社交人设后，再导入保险的专业 IP，将有效的群成员导入自己的私域。

另外，我建议大家无论是加入社群，还是组建社群，都可以通过细致观察、有效输出、刻意经营等方式快速成为社群中有影响力的核心人员，进而为自己快速获客打开绿色通道。

## 销售面谈中容易被忽略的错

记得 2021 年的 6 月，我承包了一个月的团队早会专题，这让我找回了十年前的状态。后来，我依然坚持每个月至少讲一个早会专题。本小节是基于我 2023 年的一个早会专题总结提炼而成。

## 1. 忽略自我包装与定位

每个人都有自己的销售面谈模式，但无论采用何种模式，都需与客户就以下核心点达成共识：这件事情很重要（需求唤起）、我所在的公司非常棒、后期各项服务你不用担心、给你选的产品绝对是最好的。

为了达成共识，我们可能要一轮又一轮地给客户讲解。起初还能耐心细致、循循善诱；后期就可能变成狂轰滥炸，甚至讲得大脑缺氧、思维混乱。

要是客户积极回应，那销售进程还算顺畅，双方有来有往，你问我答，能及时应对各种情况。然而，若客户毫无回应，销售就很容易陷入自问自答、自编自演的死胡同。实际上，销售与成交的逻辑没有那么复杂。但是整天讲来讲去，没有太多的新内容，“炒冷饭”“回锅菜”成了常态。

在特定的销售场景中，我们往往忽略了一个关键因素——我们自己！正如我之前强调的，不能只一门心思地了解客户信息，让客户了解我们同样重要。

我个人的观点是“无定位不销售，无共识不成交”。客户眼中，你的定位、标签、身份，对销售成交至关重要，特别是在这个从信息时代进入概念时代的背景下。我曾和团队小伙伴说："如果我们能解决自己的着装和形象问题，招募和销售绩效至少能提升30%，甚至更多！"但有些小伙伴们认为，话术、知识点、努力见面等都比提升形象重要。

回归正题，我认为在销售面谈中，如何包装自己、推荐自己，以及在客户心中树立自己的定位，对成交率和成交难度有着重大影响。

所以，第一个容易被忽略的错是，**对自己的包装和推荐不足!**

### 2. 缺乏精准的专业知识

"你知道吗？"现在请你回想一下，在销售面谈中，这句话在你脑海和言谈中出现了多少次。甚至有时，你是否把客户当作小学生来对待，觉得对方什么都不懂，试图借助信息差来推动销售？在互联网高度发达的用户主权时代，且有一个银行兼业代理这样的大渠道存在，客户还会对保险一无所知吗？显然不是。我认为，关键问题不是客户应该知道什么，而是我们自己是否清楚该掌握哪些知识，掌握到什么程度。同时，还要思考如何既能精准掌握所需知识，又不会陷入某个关联专业领域的复杂泥潭，做到进退有度。

如何实现专业知识的精准提升，确实是个不小的难题。

你是否了解竞争对手是如何与客户沟通的？

你是否清楚客户对保险的认知程度和认知方式？

你是否知道客户是如何定位你的？

你是否明白客户内心真正的疑问是什么？

你是否清楚客户认同你什么、反对你什么？

当然，还有你是否熟练掌握了行业的基础知识，以及能否为客户提供切实有效的解决方案。

所以第二个容易被忽略的错是：**不清楚自己该掌握什么知识！**

总有小伙伴问我成交的秘籍是什么、如何能成交大单、如何能轻松搞定客户。我每次的回答都是："如果我有，你猜你还能在这里看见我吗？"哪里有一招吃遍天下的成交秘籍，千万别总想学个绝招然后就成交无敌。在我看来，销售中以成交为目标的逻辑和技巧确实存在，但想靠捞偏门、走捷径成功，大概率是没戏的，当然，运气好也算是一种老天赐予的能力。

## 3. 姿态过低，失去主导权

前面我提到，不要轻视客户，不要把客户当成小学生。你也许会说："我哪有那个胆量，客户就是上帝，他们说什么就是什么，我们是做服务的，谁敢得罪客户呢！"于是，在与客户交流时，常常出现这样的对话："您说得对！""就是您说的那样！""我非常同意您说的！""没问题，绝对按照您的要求！"……

那这样是否就能得到想要的结果呢？现实可不会陪我们演戏，答案显然是否定的。然而，大多数小伙伴却选择了这种交流模式。即便有人不承认自己是在进行仰角式的交流，但当对职业和行业信心不足，又清楚自己专业度欠缺时，在客户面前就只能唯唯诺诺。即便偶尔试图主导交流，也只是流于形式，或者仅仅是为了维护自己那最后一丝尊严。甚至在高客面前，姿态更加卑微。

其实，从客户视角以及对人性的审视来看，这种态度并不能赢得客户的认可，反而会让客户觉得你毫无价值，不值得尊重。2024年我反复强调：要构建在客户端的定位和形象！既不能与客户辩论，也不能盲目妥协。要找准自己的定位，构建清晰的逻辑，有理有据、有进有退、张弛有度地与客户沟通，这才是销售面谈的正确方式。

所以，第三个容易被忽略的错是：**姿态过低，失去主导权！**

### 4. 急于推进产品，忽略销售逻辑

在陪谈和销售面谈复盘中，我发现很多小伙伴基本在面谈开始后，三下五除二地就直接切入产品。他们总感觉在前端没什么可聊的，或者客户一提产品，就立刻顺着话题进入产品环节。而事实和数据又明确告诉我们，在这种情况下进入产品呈现环节，基本会陷入一场漫长的拉锯战。客户会不停地比较，不断提问，反复考虑，而你也疲于奔命地应付客户的各种需求，最终发现许多需求其实是伪需求，还有不少是重复提及的。

你是否曾有过崩溃的感觉，甚至渴望客户直接拒绝，好让自己彻底解脱？其实，在销售流程中，无论你是关系型、产品型、理念

型，还是顾问型或共情型销售，都需要步步为营，切不可冒进。如果当前环节的问题没有解决，就不要急于进入下一个环节。时机不成熟、条件不具备时冒进，最终只能回到原点，还会凭空增添许多麻烦。从销售开始到最终成交，更多时候是螺旋式上升、震荡式推进的过程，很难一帆风顺地直达目标。

产品的定义常常被小伙伴们忽视。我曾经问过很多小伙伴："什么是产品？产品的定义究竟是什么？它包含哪些内容？核心又是什么？"得到的答案千奇百怪，但多数小伙伴对产品的理解都比较狭隘。

讲健康险时，只单一关注保费、保额、核保、赔付范围等方面；讲储蓄险和养老金时，则更关注回报率，总是帮客户计算什么时候回本、内部收益率（IRR）是多少等。那么，如何为客户配置合适的解决方案、选对产品呢？这里给你一个建议：

首先，和以往一样，要确认客户真正的需求，而且必须是客户认可的需求。其次，不能像以往那样，直接将需求与产品对应，而是要把各种产品拆解成产品要素，然后用这些产品要素去匹配客户的需求，找到解决客户需求的最佳产品要素组合，最后再根据要素组合来确定具体产品。在最后一个环节，大概率无法做到完全契合，所以需要适当调整。这种销售思路对从事保险中介赛道的小伙伴更为友好。因为在实战中，当我和客户一起按照这个思路筛选产品时，最终确定的产品形态往往是单一主体公司无法满足的，通常需要组合几家保险公司的产品。

在销售过程中，有时我还会建议客户，当同一款产品的保额或者保费较高时，考虑同时选择两家甚至三家公司分开投保。因为你会发现，这种组合式投保往往具有极高的性价比优势。

所以，第四个容易被忽略的错是：**这些年的市场和产品红利，让我们忽视了销售的基本逻辑和底层架构**。究竟什么是立体化的产品，什么是独一无二的销售模式，甚至是成交模式，都需要我们重新审视和思考。

## 你是否总是止步于成交前的最后一刻

这是我曾经进行的一个 25 分钟早会专题，小伙伴们希望我聊聊成交，其实严格来说应该是促成环节，或者我们称之为 CLOSE。用 20 多分钟讲清楚 CLOSE 显然是不现实的，因此我也只能从实战角度简单地谈谈。

首先，我要明确一个观点：从单一商业模式的角度来看，所有销售行为都是为了成交！没有成交，一切努力都等于零！我之所以强调“单一商业模式”这一前提，是因为我不愿总是与那些用所谓的社会责任和价值，甚至大爱来过分绑架我们工作内容的人争执。

我坚定地认为我的职业是销售，我的身份是一名销售人员，我依靠成交来维持生计。至于我的事业、我的社会责任、我的大爱，这些都是相辅相成的，不应总是单独拿出来放大和上纲上线。

其次，成交的最后一个环节就是促成，犹如足球场上的临门一脚。客户的签字、付款都是成交的标志，也是促成的目标。而推动这些动作和结果发生的过程，我们将最后一个环节称为促成。从某种意义上讲，这是一个相对局限的概念，有点类似于塔勒布所定义的反脆弱原理。

从我们的初心出发，直至过程中的每一个环节，都始终指向最终的结果或目标——成交。换言之，我们始终在努力促成！然而，为何仅将最后的一刻或最后一环称为促成呢？在此，我希望大家不必过于纠结，理解其意即可。

其实，成交从客户端来看，就是他们是否采取了购买的行动。客户的购买行动通常分为三个阶段：

**阶段一：我要不要买——决定购买行为的阶段；**

**阶段二：我什么时候买——购买的时间点；**

**阶段三：我找谁买——对服务者的选择**。

当客户认为商品的综合价值值得购买时，就形成了购买阶段的前端诱因。这里我强调的是商品的综合价值，而不是商品的基础价值或者属性价值。这时候只能说客户想买，能不能买、买多少，还要看客户的购买力。

简单地讲，价值和购买力决定了客户是否购买商品。接下来是什么时间购买，我们希望客户现在就能购买，这是由商品对于客户的急迫性有多强来决定的。要知道，时间拖久了，客户对商品价值的评估和购买力都可能发生变化，进而产生各种不确定性。

接下来，我用两个比喻再次介绍一下我对成交的认知。

第一个是天平的比喻。想象一个天平，一侧是A端（销售人员端），另一侧是C端（客户端）。当天平A端的“重量”大于C端时，天平便会倾斜，意味着销售人员成功撬动了客户，达成了成交。

那么A端天平的托盘里都放了些什么呢？我认为所有合法合规的、不违反道德和职业操守的、有利于成交的砝码都可以往里放。当然，专业砝码一定是其中必不可少的一枚，其他非专业砝码也同样重要。在整个成交过程中，天平两端是动态变化的，会左右摇摆。我们可以思考一下成交过程中的各种变化。

第二个是杠杆的比喻。这个比喻中，A端是施力点，C端是被撬动的物体，而支点则是成交过程中的关键因素。杠杆的长短代表销售人员影响客户的能力，支点位置则决定了撬动所需的力度。支点离A端过近，杠杆效应减弱，销售人员需付出更大努力才能撬动客户；反之，若支点能精准定位在客户的敏感区或关注区，则能显著增强杠杆效应，降低成交难度。

我们简单总结一下，首先，一旦进入成交的最后关口，即促成阶段，客户往往会发生一系列心理变化，这些变化受人性潜在因素影响，例如，拖延性、对责任的回避、对现实的逃避、选择阻力最小的决定（拒绝成交）、对未来不确定性的事缺乏信心等。

其次，在销售过程中，我们有主动推动 CLOSE 吗？很多时候，我们是在做保险知识普及，谈天说地，就是不提签字、缴费，这是肯定不行的。

如果有 CLOSE 的动作，时机对吗？条件成熟吗？我们是不是还在用产品硬推？前端没有做好，就是拔苗助长，结果也不会理想。

另外，我们的 CLOSE 动作对吗？方法对吗？不停地商量和央求，或者是夸大地恐吓，又有多少作用呢？这里是有很多技巧和方法的。

最后，我们还要看 CLOSE 动作做了几次，一次不成，是否有第二次、第三次。在整个销售过程，我们有时候要像一个教练，特别是在促成阶段，我们要引导客户，甚至是推他一把，帮助他做出最后的决定和动作。

踢好临门一脚至关重要，我们要看清楚：是踢门柱上了，还是踢飞了，又或是被挡出来了。我们是踢的方向不对，是脚法不对，还是时机不对！

## 抓住养老板块，寿险营销业务长青

十多年前，平安人寿的刘占军总经理和我说过："如果一个代理人熟练掌握了养老方案的成交技能，那么他必定会成为这个行业的赢家，而且会一直走下去，甚至越走越轻松，越走绩效越高！"现在来看，不愧是行业前辈，其独到的眼光和远见卓识，确实令人钦佩！

在这里，我与大家简要分享一下我在RUNNER训练营中关于养老话题的探讨内容。

首先，我们来了解一下当前人们对养老问题的看法。实际上，不同年龄段和不同阶层（无论是财富还是文化层面）对养老问题的认知存在显著差异。

近年来，国家政策和社会现象都在通过各种途径提醒公众重视养老规划。然而，客观而言，这并未引起大家的足够关注。尤其是年轻人，他们往往觉得养老话题与自己相距甚远。此外，现实中年轻人的财务状况也受到即时性和刚性支出的制约，承受着较大的压力。

大多数人更多考虑的是养老不至于存在生存与否的风险，至多不过是生活质量的高低问题。然而，生活质量下降带来的痛苦也是不容忽视的。有兴趣的朋友可以了解一下日本中底层人群的养老现状，有一本根据纪实节目编写的书《老后破产：名为“长寿”的噩梦》，阅读后定会让你对养老问题有全新的认识，其中的纪实案例发人深省。

从种种现象和社会发展的轨迹来看，我们应该明显地看到，当下的养老现状虽然大家依然不满意，但对于未来来讲，人们对养老的要求很可能会变得更高。例如，我的一位亲戚从事业单位刚刚退休，退休后月工资将近1万元，这样的退休金之于当下社会消费水平的性价比，在未来对于很多普通人来说，可能难以企及。

另外，一些金融事件也提醒我们，养老不是有钱没钱的问题，而是涉及人性和财务安全及社会发展的综合性问题。今日养老可依仗的资源和平台，正在悄然发生变化，甚至是消失。对于尚未老去的我们来说，养老的财务压力正以肉眼可见的速度向我们逼近！

如果从财务视角把人生分为三个阶段：第一阶段可以解读为学本事，就是为赚钱做准备；第二阶段是攒资本，这是赚钱的主要阶段，也是布局养老的核心阶段；第三阶段则主要是消耗阶段，同时也是我们享受人生最大回馈的阶段，值得注意的是，这个阶段正在有序延长，这便是我们常提及的“百岁人生”。百岁人生的背后，可能意味着人生将被重新界定为五段甚至更多阶段。

对于百岁人生的退休生活规划，我进行了调研并与客户实际面谈后发现，有一套规划符合大多数人的需求：

70 岁之前，也就是退休的第一个十年，大多数人还是要折腾一番。不服老也好，想借助有钱有闲尽情享受人生也罢，反正就是要自我放飞一下；70 岁之后，也就是第二个十年，虽然也会出去旅游、参加活动，但多数时间还是以家为中心；80 岁以后，进入第三个十年甚至更长时间，多数人在医疗、生活的便捷性等方面的需求大幅增加，条件相对较好的养老社区就成了首选。

其实银发经济的其中一个维度是人口老龄化导致的社会用工结构的变化，也是养老压力的一种体现。人到老年，拼搏了一辈子，都希望好好享受人生的最后阶段。所以，无论是从人性角度，还是客观条件来看，老年人往往更倾向于确定性，对不确定性的厌恶达到较高程度，对风险的厌恶也达到极限。因为老年人出现财务危机，通常积重难返、难以挽回。所以，如果有些不好的事情注定会发生，那不如就让它早点发生，毕竟年轻意味着有更多时间和机会，将伤害降到最低，翻身的可能性也远高于年老时。

其实养老的问题说复杂也复杂，说简单也简单，无非就是四个方面：健康、财务、家庭以及对养老的认知。这些方面缺一不可，但在品质上存在差异，很多时候，财务水平决定了我们的选择空间以及最终面临的结果。

讲到健康，我们就不可避免地谈到财务问题。实际上，财务问题可能是四个方面中最被关注、压力最大的，也是刚性且无法逃避的问题。

养老的费用来源大致可分为国家提供的基本保障、之前攒下的一定金额的存款、良好的被动收入（可定期、持续领取、收取的非即时劳动所得且金额足够的收入）以及其他来源，包括但不限于子女的赡养费等。也有人把它总结为养老的三大支柱：国家、企业、个人（包括商业保险）。

在财务问题上，我们常犯的最大错误就是只关注了金额的大小，而忽略了属性、结构问题。或者说我们可能只是准备了一个足够大的现金池，而没有一个稳定的现金流。之前我们聊过，养老不仅是钱够不够的问题，更涉及人性和社会发展的综合性问题。我来到工作的城市四年了，几乎每个周五都会看到公寓楼下某信托公司门口聚集着一群老人，他们打着横幅，在执法人员的疏导下，一脸无奈却又倔强地围在那里。他们不停地向路过驻足的人诉说，自己辛苦攒下的养老钱是如何投资失败，或是被这家无良公司骗走的。他们对未来充满恐惧，即便知道每次来打横幅、交涉都无法解决问题，可这是他们唯一的希望了，哪怕再渺茫，他们也要挣扎一下。因为对于已步入老年的他们来说，赚钱能力大不如前，本该享受人生，却再次面临生存的压力。

家庭方面是两个维度。一是家庭结构维度。在百岁人生的社会背景下，当我们开始养老时，很有可能父母依然健在，四世同堂会成为普遍现象，五世同堂也不再稀奇。如此一来，我们的家庭很可能在规模和结构上更像一个小家族。二是财务结构及关联性。倘若这个小家族出现财务问题，我们该如何应对？比如父母的养老规划没做好，导致财务出现问题；子女事业受阻，面临财务压力；孙辈求学需要财务支持等。

当家人们向我们伸出求助之手时，我们是否会从准备养老的现金池里拿出一部分来帮他们解决问题呢？如果子女有能力在未来让现金池回流资金，那还算幸运；但如果子女能力有限，无法实现回流呢？对于步入养老阶段的我们来说，未来还有多少时间，又能等多久呢？我们当然希望每个家庭都有良好的财务状况，不会出现各种不好的情况，但现实就是如此，风险的发生不以我们的意志为转移。当下，“啃老”不知从何时起，已成为一种较为普遍的社会现象。

最后是对未来将近 40 年养老生活的认知。我们是否正确、客观地预演过未来的养老生活？是否清晰知晓未来将面临的养老问题，并找到最佳解决方案？是否坚定自己的选择，并能确保规划顺利执行？很多时候，我们看似想得很明白，但当事情真正发生时，却很难克服自己人性中的弱点，包括思维和逻辑等方面。而且我们必须承认，老龄化会在生理和心理上给我们带来不可逆的衰退。

所以，冲动行为和无奈之举可能并无本质区别，某些幼稚的行为或许就是“老小孩”的真实写照。如果幸运地遇到好事，那自然值得庆幸；但如果不幸遭遇坏事呢？我建议你有机会一定要读一读

《百岁人生：长寿时代的生活和工作》和《老后破产：名为“长寿”的噩梦》这两本书，也许答案就在其中。并非我过于悲观，而是现实确实残酷。但我依然衷心希望、祝福每个人的老年生活都能幸福美满！我们既要保持良好心态，更要做好充分准备，管理好人生最后一段历程的财务风险！

上面我们聊了养老的四个方面，其中财务或者说是费用的问题是最关键的。接下来，我们简单聊聊财务问题，将其分为四个模块：生存（基础）、医疗、享受、家庭，每个模块再细分为经济型、舒适型、享受型和奢侈型四个层级。主要思考三个问题：我们的养老究竟在财务上需要多少钱，这些钱从哪里来，怎么来的？

先看基础模块，我们从衣食住行四个维度进行计算。假设我们目前是 35 岁，按照一个普通家庭的经济型养老状况来计算：

吃饭：每天两个人 60 元。

居住：房屋面积 80 平方米（无贷款），取暖费每平方米 26 元，物业费每平方米 1.5 元，水电费每月约 200 元。

穿衣：每年衣物更新花费 700 ～ 800 元（默认老年人不再注重衣物消费）。

出行：默认 80 岁之后出行费用为 0 元，之前按照私家车和公共交通混合出行，平均每年成本约 4500 元。这里还要考虑一个重要参数——通胀系数，我暂且设为 2.5（这个设置是非常低的，很多同业在演算中设计为 3 以上）。

如果默认退休生活为35年，由于计算比较复杂，特别是加入通胀系数后，所以我们简单地把上述各项按照当下物价成本结合平均通胀增长幅度，简单设定未来养老实际发生的费用为当下的2.8倍左右，实际上这个倍数可能远远不够。于是我们能看到：

吃饭成本约215万元（只管饱，不管好）；穿衣成本约7万元；居住成本约58万元；出行成本约24万元；合计约为304万元。

医疗方面，从保健、体检、治疗、护理四个模块计算，细节不再展开，大约需要98万元。

享受账户，我们可以考虑适当提升生活品质，按照通胀后计算，每月约500元，相当于现在不足200元的标准，而且只按20年计算，共计12万元。

家庭账户，我们简单按照通胀后的整体计算为10万元（其实这个标准远远低于现实发生的额度）。

生存和医疗两个账户是养老的刚需账户，这样的财务预算仅能保证以一种纯粹以活着为目的的养老状态，享受和家庭账户算是低标准的调整账户，也就是说，我们能勉强活着，说得好听一点叫经济型养老，需要424万元。至于舒适型、享受型、奢侈型，我就不一一计算了。

现在我们可以检视一下自己家庭的财务状况，以及对养老财务问题的认知和选择。因为我们当下的选择决定了未来养老生活的状态。不过，大家也不用过于恐慌，我并不是在贩卖焦虑，要知道，国家社保养老也很强大。如果我们把每月领取的社保收入结合年度调整，再按照35年的周期计算，也是一大笔钱，正常情况下能让我们维持生存。所以我经常开玩笑说：“社保保证我们不能死，我们自己保证活得好！”

说到这里，是不是可以确定我们当下的任务就是攒够钱呢？答案是肯定的，但这不是唯一的任务。因为如何攒够钱是一方面，钱存在的方式则是另一个值得关注的方面，也就是我之前说的现金池和现金流的选择。攒钱对于当下的我们来说，并非易事。所以我建议，在养老的问题上，越早布局越好，甚至从拿工资的第一天起，就要考虑养老了。在养老财务规划上，首选一定是固定周期，额度足够且安全的现金流；其次，如果能具备自我增值功能则更好；最后，还要考虑其支取的便捷性！

啰唆了一大堆，我想结合个人感受总结一下。其实我之前也不认为养老是自己的重要问题。2021年，一个偶然的机会，我给客户规划养老财务方案时，客户直接要求我当面演示一下我自己的养老财务规划，那也是我第一次认真计算自己的养老财务需求，计算出来的数字让我非常震惊，真是不算不知道，一算吓一跳。我当即决定用退休前这最后10年来解决养老财务问题，还安慰自己说亡羊补牢为时不晚。

但现实就是如此残酷，50岁才开始筹划养老，成本和难度都很大。迫于财务压力，我只设计了三个层级的目标：初级目标是购买200万元的养老年金保险，大约65岁开始每月能有1.5万元左右的收入，加上家庭的社保收入，能维持在每月3万元左右的收入水平，目前已经购买并持续缴费；中级目标是购买500万元的养老年金保险；挑战目标是购买1000万元的养老年金保险，但从目前的财务状况来看，压力巨大。

按照“成交的基石是真诚”的原则，我们在给客户提供养老解决方案时，真的不用寄托于各种话术和套路，老老实实摆出证据，客观分析一下趋势，最后和客户一起计算出符合未来养老规划的财务需求即可。

简单总结一下我和客户沟通养老问题的逻辑：首先，与客户就养老问题达成基础共识；其次，与客户确认养老生活需求，要具体到场景和细节，并反复调整；然后，根据客户确定的养老生活需求，计算所需的财务支持；最后，协助客户制定解决养老规划财务问题的方案（并非仅从保险角度出发），并推动客户及时配置。

这里特别提醒一下，养老保险方案很多时候并非一次性确定，而是可以结合客户的实际情况，分阶段、梯次性解决。另外，我个人认为，用寿险解决养老财务问题时，养老年金应排在首位，而其他险种，如增额终身寿等产品，可用于补充和辅助。

# 关于子女教育金面谈的小建议

2024年的一个上午，我在公司加班。可能有小伙伴会问：“你怎么天天加班？”一是年少没好好努力，年老就得加倍补上，这或许是一种守恒原理；二是因为这几年，我很享受在助力团队成长中获得的成就感，所以自告奋勇承担了更多的工作；三是平时工作有点忙，很多事情就得通过加点班来完成。

一位刚和我共同努力成交了一单子女教育金的小伙伴建议我写篇关于教育金成交的文章。说是我和客户面谈的关于子女教育金储备的内容和平时培训、大家经常使用的都不太一样，表达的方式也很特别，感觉差异性很强，值得分享。的确，2024年我协助了许多小伙伴进行子女教育金的客户面谈，且效果不错，成交的客户中既有年缴百万的，也有年缴不足十万的。毕竟，不同的家庭财务现状和认知因素都会影响账户设定的预算大小。

其实，我自认为自己的面谈并无特别之处，更无什么秘籍和诀窍，下面就简单说说我在面谈中可能让小伙伴觉得不一样的地方。

## 1．“为什么要给孩子准备教育金”面谈要点

一是谈责任（真实的和形式的），父母对子女未来发展所肩负

的责任：生而不养，父母之罪；养而不教，父母之祸；教而不善，父母之过。如果有兴趣，你可以背诵这段文字，面谈时引用，效果颇佳。作为父母，都想尽自己最大的能力去为孩子提供一个相对好的成长环境，这是与生俱来的责任。当然，我也不认同为了孩子必须牺牲一切的极端化行为，例如电视剧《小欢喜》中黄磊、海清饰演的父母，他们的行为既让我佩服，又不敢完全苟同。但父母对子女的爱，绝对是无私的！

二是探讨价值，例如家庭在物质和精神层面的跃迁，这种改变能大幅提升一个普通家庭的未来财务状况和社会地位。培养一个成功的孩子，可以说是实现这一目标的最有效且直接的方式。现实中，此类案例也很多，你可以准备几个典型案例，也可以引导客户分享他们身边的类似经历。同时，还可以引发共鸣，作为普通人，面对“现在的人太现实了”的社会现状，往往感到无奈。

三是谈环境，聊感受、聊自我满足感。有了孩子后，关于孩子的话题几乎覆盖了父母所有的社交话题。孩子的状态，甚至是影响父母幸福指数的核心指标。自己为孩子做了什么，也是父母在自我评估和社交时的重要内容。别的家长能做到的，我也要努力做到，至少不能在形式上落后。如果我做到了，别的家长没做到，我就有足够的优越感，这些都是很多家长的普遍心态。

四是关于高客的面谈，对于高净值家庭，特别是企业主家庭，孩子的培养是否成功，在事业的传承、家族的繁衍上都起到了决定性的作用。“败家子”是每个企业主内心深处的痛，没人愿意看到自己辛苦打拼的家业荒废在后代手上。

五是面谈中的画龙点睛。孩子未来的优秀、卓越，如果完全建立在自己的天赋和努力之上，实现难度是很大的。好的平台、资源、环境，对孩子的发展有着巨大影响。这就是家长为孩子提供各种补习，还有很多父母在寒暑假，带孩子去清华、北大、牛津、斯坦福等名校游学，去世界各地博物馆游历的原因。而这些助力能够实现，背后都需要足够的财务支持！

## 2. 如何储备教育金

教育金的一大特点在于其在特定阶段所具备的价值现金流属性。孩子在成长过程中的每一个关键节点都具有不可逆性，每个节点的选择将直接影响其未来的发展方向。因此，教育金的功能和意义一定是与孩子的年龄和成长阶段息息相关的，只是无法确保和家庭财务的波动周期精准匹配。换句话说，假如某一天你变得非常富有，能够为子女提供所有优质的教育资源，然而，由于你的孩子已经长大，这就意味着那些贴有“教育金”标签的资金将永远不再出现，你已经彻底错过了这一机会。

那么，究竟需要储备多少教育金呢？如果仅以学费、补课费、留学费等基础费用来计算，显然是不够的。教育金的计算必须涵盖孩子成长过程中的所有费用，甚至包括每年的假期游学等额外开销。

曾经，我与一位客户计算教育金储备额度时，将学区房费用也纳入了考量。在计算过程中，我们设定了两条标准线：一条是全覆盖畅想式的财务标准线，另一条则是家庭财务支出上限的标准线。我们需要选择数值较小的一条作为方案设计的依据。当然，在孩子成长的不同阶段，家庭的财务状况及与教育相关的因素都是动态变化的。未来，我们也可以进行一些动态调整，但基础部分的规划越早确定、越稳定越好。

使用保险产品作为教育金储备的优势显而易见。首先，尽管每位父母都深知教育金储备的重要性，但在实际生活中，教育金账户往往成为最容易被挪用的财务资源。无论是生意上的困境、生活中的突发状况，还是社交中的开销，一旦日常储备不足，子女的教育金账户常常首当其冲。其次，选择保险产品作为教育金储备，在安全性方面，借助保险的强制属性，能有效抵御人性冲动，避免父母在未来无奈叹息“冲动的惩罚”。我身边就有这样一个真实案例：在子女即将赴美留学之际，由于之前准备的教育金被挪用且未能及时补足，子女不得不放弃在美国的学业。这一变故无疑会对子女的人生轨迹产生影响。尽管结果未必糟糕，但原本的规划已被打乱，且这种影响是不可逆转和弥补的。

最后，将保险产品作为教育金储备，在当前金融环境下进行评估，不仅安全性方面具有显著优势，收益上也不逊色。尽管这并非教育金储备的根本目的，但避免资金闲置，实现资金增值，同样是科学理财的重要原则。

在保险产品的分类中，健康险类的医疗险、重疾险，年金险类的养老年金，以及储蓄险类等，这些都是常见的类型。然而，直接以教育金功能分类的保险产品却较为罕见。多数情况下，这些产品是通过功能性产品的转化形态来设计教育金方案。因此，客观而言，教育金领域的保险产品属于小众且特定阶段的产物。

然而，这样的设计也带来了额外优势，即在很多情况下，教育储备金并未被实际启用，从而可以转化为婚嫁金、创业金，甚至作为父母的养老补充等，还能充当灵活的备用现金流。

## 关于分红型保险的销售

从 2024 年下半年开始，无论是陪谈还是与客户交流，涉及分红型保险销售的相关内容越来越多。我发现很多客户对分红型保险了解不足，甚至存在误区，团队小伙伴也希望我分享一下对分红型保险的理解，下面简单做一些介绍。

### 1. 什么是分红型保险

我个人认为，市场上所说的“分红险”实际上是“分红型保险”的简称。原中国保监会于2015年9月发布的《关于推进分红型人身保险费率政策改革有关事项的通知》附件《分红保险精算规定》中明确指出，分红保险是指保险公司将其实际经营成果产生的盈余，按照一定比例分配给保单持有人的个人人身保险。目前流行的一种观点是：分红保险起源于英国的公平人寿，而2000年则被视为中国分红险的元年（早在1993年，人民保险已有了雏形设计）。分红的形式主要分为保额分红和现金分红，也称为英式分红和美式分红，这两种形式针对不同人群各具优势。分红的来源主要依托“三差”，即利益差、死差异、费差异。目前还有一种观点认为是“全差”，即除了“三差”，还有退保差异和其他差异。当下，分红险受到广泛关注，我个人认为这与当前投资环境的波动密切相关。

### 2. 什么时候会接触到分红的概念

我认为有两种场景。一种是我们在和客户就财务风险达成共识后，在制定解决方案的产品甄选环节，会涉及是否要选择分红型的产品。这时候分红型产品涉及很广，包括分红型重疾险、分红型终身寿险、分红……另一种场景是反向的，客户因为对分红的关注，直接指向分红型保险产品。如今，无论是客户还是从业的小伙伴们，与分红的接触多数是第二种情况，涉及的寿险产品通常以储蓄类为主，就是本金 + 固收 + 分红的结构。在此，我想分享一个个人观点：实际上，我们在讨论分红险时，分红的定义往往过于局限和狭隘化了。因为我们所提及的分红，通常是指除去固定收益部分之外，主要涉及的是不确定的收益部分。在中国香港的保单中，我们常见的是保证和非保证这两种分红形式。

## 3. 涉及的专业术语

这里要强调一下，我认为真正的分红是指客户最终拿到手的分红。下面分享一下我认为讲分红险时会涉及的专业术语。

**分红演示说明**：保险产品分红演示是保险公司在销售分红保险产品过程中，向客户展示未来可能获得的红利金额及其计算逻辑的一种说明方式。鉴于分红保险的红利源自保险公司的实际经营盈余，存在一定的不确定性，因此，分红演示并不构成收益承诺，而是基于预设假设条件的模拟测算结果。

分红实现率：分红实现率是衡量保险公司分红保险产品实际红利分配与演示红利一致性的重要指标，用于反映保险公司履行分红承诺的能力。其核心在于将“演示红利”与“实际红利”进行量化对比，帮助消费者和市场评估保险公司的分红可靠性。需要强调的是，分红实现率是一个结果性数据，代表已经发生的实际情况；分红演示金额乘以分红实现率等于实际分红金额。

**监管政策**：国家监管部门规定，保险公司每一会计年度向保单持有人实际分配的盈余比例不得低于当年全部可分配盈余的70%。此规定旨在保障投保人利益，确保保险公司在盈利状况下能够向投保人分配一定比例的红利。此外，监管部门还明确规定，若特别储备账户连续两年超过准备金的15%，超出部分必须进行分配。关于红利演示的限制规定，则是从演示利率的角度出发，规范保险公司对分红保险利益的展示，引导消费者理性看待分红预期。例如，规定分红险演示收益不得超过4.5%，并明确指出红利不保证。

**限高令**：从实际分红水平出发，限制保险公司的分红上限，旨在防止因过度分红而引发的公司经营风险或利差损风险。该政策针对不同规模的保险公司设定了分红险收益率的限制，例如大型保险公司的分红险收益率不得超过3.0%，中小型保险公司则不得超过3.2%。这些规定相互配合，共同规范分红保险业务，确保消费者能够客观了解分红保险的收益状况及其风险特征。

**投资收益率**：指保险公司在一定时期内（如一年）通过投资资产（如债券、股票、不动产、存款等）所获得的收益与投资总额的比率，通常以百分比形式表示。它是评估保险公司盈利能力、资金运用效率及分红能力的关键指标。投资收益率又分为净投资收益率、总投资收益率和综合投资收益率。不同公司在计算收益率时，使用的会计记账方法也会有不同。此外，公司的投资收益率对客户分红的影响程度，和分红产品金额占公司总份额的比例有关。我个人认为，应以客户拿到手里的分红报告金额为准。

**保险公司评级（AAA）**：保险公司评级的主要依据是其偿付能力充足率和风险综合评级。偿付能力充足率是指保险公司资本金与其承担的保险责任之间的比例，反映了保险公司偿还债务的能力。风险综合评级则综合考虑了保险公司的各类风险，包括市场风险、信用风险和操作风险等，以评估其整体风险状况。通常，评级被分为 A、B、C、D 四个级别，其中 A 级风险水平最低，D 级风险水平最高。监管机构要求保险公司的风险综合评级达到 B 类及以上，以确保其具备较低的风险水平，通常每个季度会公布一次。我个人认为，保险公司的评级并非仅仅是探讨分红的直接指标，而是与所有保险产品和服务都息息相关的综合性基础指标。甚至有些公司在特定阶段，为了抢占市场，极力让利给客户，从而导致其评级下降，这种现象也是存在的。

**企业年报**：保险公司的企业年报通常包括重要提示与公司基本情况、业务经营情况、财务会计报告、风险管理、投资情况、重大事项、未来展望及其他事项。年报中关于分红的相关内容包括但不限于分红保险业务的保费收入、产品结构、投资收益、经营结果与盈余分配、风险状况、客户情况、分红实现率等

**保险公司的股东**：主要强调股东的实力，涉及安全可靠性和投资收益能力。通常作为背书和实证，以展示保险公司的盈利能力！

### 4. 如何使用这些知识点

第一种情况是零散使用，无论是针对客户提出的问题，还是证明自己推荐的产品是最好的选择。第二种情况相对比较高级，是通过这些信息或者知识点搭建了一个选择分红险的证据链，进而以此为依据向客户推荐产品。甚至将分红险做了划分，如第一梯队、第二梯队，还有什么分红险的“王炸”产品、独一无二的选择等。

客观讲，这两种情况在销售中都非常有效，且第二种效率更高。这源于其精准把握了人性的特质，并巧妙抓住了当前信息平权和知识平权已实现，但认知平权尚未达成的契机。在充满不确定性的环境中，自行构建了一套看起来逻辑严密、证据充分的确定性框架。此举充分利用了人们在运用第一系统和第二系统进行判断时所存在的思维漏洞。

### 5. 我如何看待分红险

首先，我们需要明确所关注的分红是指整个产品，还是仅针对演示分红的那部分。实际上，在线下销售过程中、网上视频和直播间所讲解的分红通常都是围绕演示分红展开的。我的观点如下：

（1）分红险的魅力在于不确定性。

中国的分红型保险应该算是对客户非常友好且性价比很高的保险产品了。对于当前老百姓的认知和市场经济环境，绝对是有优势的！确定性固然能带来安全感，但却无法带来惊喜。因为预期空间恒定，缺乏变数。而变化则可能带来更大的希望和惊喜，同时也伴随着失望的风险。无论如何，守住本金是毫无问题的。不确定性恰恰是分红险的魅力所在，特别适合那些既想尝试一把，又不愿承担太大风险的群体。

在分红险销售过程中，最令人担忧的是销售人员会瞪大眼睛，在不确定性中构建一种“确定性”的逻辑，借此锁定预期结果。然而，从人性的角度来看，客户往往期望销售人员给出一个明确的答案，然后在内心里默默说服自己，放弃对理性思考的追求。

（2）分红的两大依据：分红能力、分红意愿。

分红能力源于分红险资金的投资盈余及分红储备账户的余额。而分红意愿则受监管政策和公司策略的影响。我们不妨思考，当前购买分红型保险，无论通过何种保单红利派发方式，真正实现高收益，必然是在一个中长期周期内。在这一中长期周期中，企业经营成果和市场变化充满不确定性，即便存在平滑机制，也无法 100% 确保企业基业长青。此外，在社会经济发展趋于稳定的背景下，高投资回报项目也将愈发稀缺。简言之，分红能力是动态变化的，无法仅凭当前某些指标来确定。而分红意愿的不确定性更大，除监管政策调整外，仅公司战略调整的可能性，便会使分红意愿更具波动性。企业战略最终由高层制定，而本土化管理模式更增添了企业战略的不确定性。

（3）建议用股票投资的思维看待分红。

炒股的人群可以大致分为四类：一是主要研究 K 线图或者叫

阴阳线（我不炒股，也不懂，如果措辞不对，还请多见谅）；二是主要研究国家政策和市场的宏观经济走势等；三是主要研究股票背后企业的经营情况；四是四处打探内幕消息。我认为，这四类人在不同时期不同情况下都赚到过钱，也大概率赔过钱，几乎没有常胜将军。因为股票的波动本身就极具不确定性，很难有人做到像《天道》中的丁元英那样，有能力把股市当作提款机。所以，对待分红型保险的分红部分，要像对待股票一样，要接受甚至是拥抱它的不确定性，不确定性就是它的属性，甚至是它的魅力所在。不要总想把这些不确定性变成确定性，那是不可能的。

作为保险代理人，我们在销售时不要像某些股市专家一样，坚定地告诉客户："你就买这个，这个就是未来分红最好的产品！"甚至归纳出第一梯队、第二梯队的分红产品。这是哪里来的自信和依据呢？所以我再次强调，配置分红险就是要拥抱其不确定性，按照自己的认知和偏好以及需求进行选择。

我在和客户聊分红型保险时会反复强调：我无法给你选出一个在未来始终是最高收益的分红产品。我只能依据当下的各种因素，再结合你的个人偏好，找出一个概率大一点的产品。并且我会建议客户要考虑保险的本源和基本的需求。

总之，讲分红险，最大的误导就是在不确定性中硬生生搭出一个貌似合理的确定性的逻辑！

# 第四章

# 关于高客经营的小感悟

# 高客经营的第二视角

作为销售端的一员，高客无疑是大家渴望拥有的优质客户群体。近年来，许多寿险机构开始倾力打造高客项目，尤其是顾问行销渠道（个险渠道），一直期望在高客经营上有所突破。然而，历年的业务数据都显示，高客业务的优势主要仍体现在银行保险渠道。在行业交流及调研中，据不完全统计，银行保险渠道在多数机构的高客业务中占比超过 80%，部分机构甚至超过 90%。

究竟是什么原因导致偏差如此之大呢？除了客户可触达的便捷性和周期黏性、平台品牌认知度等因素外，还存在一个关键问题，即我们在客户心目中的定位。

所谓高客经营的第二视角，其实是因为许多小伙伴反映，我关于高客面谈和经营的实践与他们接受过的培训不太一样，希望我分享一下技巧，于是我便将这一分享形容为“高客经营的第二视角”。

我始终坚持认为，没有客户经营就无法构成完整的销售闭环。因此，我会抓住一切机会推广客户经营理念。

提到高客面谈，很多小伙伴会立即聚焦于共同富裕、金税四期、民法典、财富传承等话题。多数机构和团队的高客培训也围绕这些主题展开，甚至认为掌握了这些知识点，就能成交高客，事实上，这些内容无法成为我们成交高客的核心竞争力，甚至这已经变成一个门槛级的要求。

首先，从客户来源看，过去，由于个人的资源局限和成交高客的专业需求，小伙伴们很难接触到高客，个人的社交圈层几乎决定了你的客户圈层，而在互联网、数字化的加持下，在用户主权时代，与高客的链接不再高不可攀。

其次，客观讲，多数高客并不存在于我们的私域中。从保险视角来看，他们周围环绕着来自银行的理财经理、寿险机构的代理人、寿险中介机构的代理人，乃至其他三方销售人员，无不期望能够促成高客的成交。同时，高客自身也能通过多种渠道深入了解保险的相关知识。

这就引发了一种现象：高客决定通过购买保险产品进行金融资产配置，这是大家共同努力的成果。然而，最终选择与谁成交、由谁来提供后续服务，却不可能平均分配或雨露均沾，通常只会选择其中的某个人或团队。那么，如何成为高客心目中的首选呢？从基础层面来看，可以从之前提到的准确性、匹配性、差异性和稀缺性四个维度来充分发挥优势，最终成为高客心目中的不二人选。

根据小伙伴们的要求，我总结了这些年在高客经营上的经验，并向众多行业大咖请教，推出了一个名为“高客不高”的训练营。该训练营主要从另一个视角探讨高客经营，此处不再详细讨论高客的主顾开拓，也不涉及共同富裕、金税四期等基础知识，而是聚焦于如何赢得高客的信任与成交。

### 1. 高客会选择什么样的人为自己提供服务

这里包括但不限于保险领域。在高客独有的属性和优势下，他们对服务者的要求首先是专业，在行业中必须是顶级的。其次，会考虑对方能否带来更高的社交价值或稀缺资源。高价值的社交是高客决策时非常关注的因素。最后，服务者是否是自己喜欢的类型，沟通方式、行为习惯，甚至是气场契合度、眼缘等，都是影响高客决策的因素。这样近似苛刻的要求，主要还是因为高客在资源的获取和占有上有一定优势。记住，多数的高客非常理性，很清楚自己要什么，很少有冲动行为。

### 2. 我们在高客面谈中的表现

结合与一线小伙伴的多次交流和自己的陪谈经验，我将许多小伙伴在高客面谈中的表现总结为前紧、中慌、后悔三种状态。

前紧：遇到高客时，在高客的稀缺性、成交高性价比、天然优势属性等压力下，会感到特别紧张，这是正常的。因为太想成交高客，太怕失败，怕失去这样难得的机会，所以你在面对高客的最后一刻还在疯狂准备，生怕漏掉了什么。如果没有参加过高客经营培训和训练，还会一边懊恼、后悔，一边四处求助和收集各种资料。

**中慌：**见到高客时，可能会语无伦次，即使开场你觉得自己还在计划的节奏上，但很快就被高客掌握了主动权，预先准备好的内容也表达得支离破碎，最后就进入了“兵来将挡，水来土掩”的局面，客户问啥答啥，机械地互动，甚至开始期盼面谈早点结束，早点解脱。

**后悔：**面谈结束后，虽然得到了一个短暂解脱，但心中又会有很多不甘，会认为自己没有发挥好。其实这些状态和你日常在高客经营上的经验以及认知是密不可分的。

在高客经营中，初次业务性面谈至关重要。无论你与高客是半熟人、缘故关系还是通过转介绍结识，这次面谈的成败基本上决定了你是否能继续推进业务。原因在于，高客在资源获取和拥有方面具有天然优势，甚至许多服务和资源会主动向其倾斜，尤其在保险领域更是如此。大多数高客往往是某家甚至多家银行的私人银行级客户，银行理财经理绝不会错过这样的优质客源。因此，许多高客在与你进行初次面谈时，至少已经经历过银行理财经理的“教育”或“洗礼”。初次面谈往往处于一个“中慌”的阶段。

很多时候，我不明白为何无论怎样强调当下高客面谈的多发性和机会稀缺性，许多小伙伴依然只在高客出现的时候，才临时抱佛脚，进行拼凑式准备，结果当然是只能听天由命，跟买彩票中奖的概率差不多。即便是因为自己不肯下功夫，导致与高客失之交臂，但也仅限于事后懊悔不已，而不愿从中汲取教训，通过努力提升自身的高客经营能力，避免再次错失良机。

和高客面谈时过于紧张的问题，是你必须要解决的。为什么会紧张？主要是因为自信心不足，而造成你自信心不足的原因有如下四个方面。

**认知方面**：自我施压过度。面对高客时，可能会因自己在财富、社会地位及过往履历等方面的差距而产生压力。这种压力有时表现为对自身面谈表现的过度期望和要求，期望自己能够完美表现，满足客户需求，甚至迅速获得客户认可，从而实现快速成交。

**经验方面**：过去接触高客较少，高客业务面谈的机会也相应减少，导致经验不足。在面谈过程中，常感到存在诸多不确定性，难以迅速而深入地理解高客的期望、观点和需求，进而引发不安和压力。

**欲望方面**：过分追求成交，心态失衡，难以保持平和之心。在面谈过程中，因害怕被拒绝而心生畏惧，担心自身表现不佳，进而导致高客拒绝合作，由此感到失落与沮丧。

**准备方面**：提前准备不足也是造成高客面谈紧张的原因之一，没有针对面谈做能力范围内（包括求助）最充分的准备，甚至包括在面对客户之前，做一个高能量姿势。

那么，如何从这四个方面入手解决问题呢？我给出如下建议。

**认知方面**：接受自身的不完美至关重要。要明确每个人都有自己的长处和短处，即便是再强大的人也并非完美无缺。学会接纳自己的不足，同时坚信自己拥有独特的优势和价值。

**经验方面**：经验的积累没有捷径可走，唯有通过多见多学来逐步提升。然而，高质量的复盘可以有效提高积累效率。通过深入了解高净值人群的思维逻辑和行为习惯，可以加速这一进程。

**欲望方面：**保持心态平衡，避免过度追求单一结果。即使遭遇失败，也不应过度沮丧。学会感性地认识自己的优劣势，并理性分析竞争结果。一次失败并不代表全部，但若屡次没有进步，则需另当别论。

**准备方面：**见客户前的首要任务是准备，再准备，再三准备。准备分为即时准备和长远准备。如果你认为自己的准备还不足以应对面谈需求，应该积极寻求支持和帮助以减轻压力。比如，面谈前演练就是为了解决准备不足的问题。

强化自己的气场，是在高客面谈中解决紧张问题的非常有效的手段。上述内容也是紧紧围绕着如何改变气场问题，进而打破仰角成交的被动局面。我再次建议要坚持培养自信，管理好情绪，学会情感共鸣，同时注意内外形象，把真诚放在首位，有时间还可以做做冥想练习。

在长期的陪谈和辅导中，我总结出在高客面谈时，要把握“多即是少，少即是多”的原则。“多即是少”是指表达不精准、不精简，啰啰唆唆。你说得越多，高客的体验感就越差，成交可能性就越低。“少即是多”是指表达言简意赅、精准、匹配性高，虽然你讲得很少，但高客的体验感却会更好，成交可能性更高。

在高客面谈中，要让对方感受到你懂他，能给他有效的帮助，而且有证据能证明你可以做到。你可能在培训中也被告知要学会换位思考，从客户角度看问题。但我想说，如果你不懂客户的思维模式，不知道客户的行为习惯，不了解客户的价值观等，即使站在客户的角度，也不知道如何和客户产生共鸣，无法成为客户的选择对象。

最后，我再啰唆一句：你在客户心目中的定位至关重要，你要学会的不仅仅是了解客户的信息，更要学会如何让客户了解你。

## 高客经营实战案例（一）

我们将分析一些真实案例，涉及的隐私信息都做了脱敏处理，只客观呈现整个过程。本次分析的视角主要还是高客经营的第二视角，且没有强调保险领域的专业知识。

特别感谢 Andy（一位寿险行业的 COT 精英）等多位寿险精英的无私分享。第一个案例是 **Andy 的高客案例**。

背景：2021 年开始，Andy 准备进军高客领域，并把第一项重点工作放在了如何链接高客上。经过调研和评估，他选择通过加入各种线下高端社群来链接高客，社会上的总裁班和私董会成了 Andy 的重要获客渠道。以下是 Andy 在总裁班的一段经历，基础信息整理如下：

① Andy 通过总裁班认识了刘总及其小儿子，并共同参加过几次聚会。

②刘总在交流中表示非常认可 Andy 的学习力、热心肠、为人等。

③刘总知道 Andy 是从事保险工作的。

④刘总是一个家族企业的老板，20 世纪 90 年代从政府辞职后下海做生意。

⑤刘总有两个儿子，小儿子跟着刘总做生意，大儿子是公务员。

⑥刘总的小儿子有一个女儿，做公务员的大儿子有一个儿子。

⑦刘总资产在 1 个亿左右（非企业部分），并配置了部分保险。

⑧目前公司的常规事务由刘总的小儿子打点。

我们能看到 Andy 对刘总的家庭情况有一定的了解，并收集了很多的相关信息，虽然并不完善，例如刘总太太的信息、企业股东架构等，以上信息基本能达到 Andy 做需求唤起的基础信息标准。

## 1. Andy 的第一次拜访

Andy 预约刘总进行第一次的业务性拜访，刘总很爽快地答应在其办公室一起喝喝茶、聊聊天。当天见面后，Andy 以总裁班同学为背景简单寒暄后，就切入了正题，主动聊起关于“共同富裕”和“金税四期”的话题，并询问刘总是否听说或者是否了解相关的内容。

刘总表示听说了，但自己不太了解这些事，于是 Andy 就系统地从政策解析和当下富裕人群的反应，以及很多和刘总同类人群关注的问题等方面，讲了一个多小时。刘总在过程中也多次点头，并回复:“噢，是这样啊！”“嗯！”“是挺重要的！”但并没有进一步追问，也没有和 Andy 探讨。

为了持续推进，Andy 直接询问刘总作为企业主，在这些内容中是否有担忧的问题和具体关注的事项。刘总表示，企业目前由小儿子负责打理，他本人基本不参与日常运营，因此对这些政策和制度并不十分关心。他强调自己已经将管理权移交，目前只是辅助小儿子顺利接手，确保平稳过渡。Andy 稍作思索，迅速将话题转向了养老问题，然而刘总却直接表明目前不愿深入探讨这一话题。他坦言自己已年过六十，生活条件尚可，因此对养老问题并不感到担忧，认为只需注重健康保养即可。

随后，刘总表示还有其他事情，便送了 Andy 一盒茶叶。Andy 知趣地表示感谢后，告辞。第一次的业务性面谈，就这样算是结束了。

我们思考一下，Andy 的初次面谈是成功了还是失败了？成功之处何在？失败之处又在哪里？如果抛开 Andy 在讲述“共同富裕”和“金税四期”相关内容的专业性、表达是否言简意赅等因素，你从这次面谈中又感受到了什么？

这里我们一起来做个简单的解析，首先是背景部分的解析：

（1）Andy 是在总裁班里认识的刘总，并且刘总是和他小儿子一起参加总裁班的学习，他们共同参加过几次总裁班的同学聚会。

请思考：刘总为什么会参加总裁班的学习，而且还是和自己的小儿子一起来参加总裁班的学习。

（2）通过在总裁班的日常学习和同学聚会的交流，刘总对Andy有了一定的评价，如学习力强、为人热心肠等。

请思考：在这些评价中，是否缺少了对后期成交的关键评价，例如，在保险领域的专业度、成就等。刘总没有主动和Andy接触，更没推动自己的小儿子和Andy接触，请继续思考：高端人群的社交逻辑是什么？

（3）刘总知道Andy是从事保险行业的。

请思考：刘总知道Andy是做什么的，但并没有和Andy聊过相关话题，这背后代表着什么？例如：是不是没有问题，是不是有人负责给他解决相关的问题，是不是刻意回避相关问题或内容。

（4）刘总是一个家族企业的老板，90年代从体制内辞职下海，做生意。

请思考：刘总90年代从政府辞职下海的社会背景和个人背景是什么？做的生意是否和体制内相关联？这个年龄段的人和有这种经历的人，其价值观和思维模式等是什么？

（5）目前刘总有两个儿子，小儿子跟着刘总做生意，大儿子是公务员。

请思考：这种架构或者是布局、状态，是两个孩子自然发展形成的，还是刘总在背后策划和安排的。如果是家族的设计，那么是否会有什么家族的内部约定。

（6）刘总做生意的小儿子有个女儿，做公务员的大儿子有个儿子。

请思考：这种家庭结构，刘总在财富布局或者家族传承上是否会有一定的针对性考量，两个儿子是否会有各自的想法。

（7）刘总的家庭资产在 1 个亿左右，配置了部分保险。

请思考：通过刘总已经配置的保险和他的家庭结构及他的资产量，是否可以洞察刘总的一些想法和他对保险的一些认知，甚至是目前是谁、在什么段位上为其提供相关服务。

以上这些思考提示，你会发现我并没有像以往进行 KYC（了解你的客户）分析时那样，将所有信息立即关联到具体需求，例如资产保全、传承等，也没有立即考虑如何借助共同富裕、金税四期等热门话题来切入保险内容，甚至没有直接对应到产品端，包括其架构和属性等方面。

过去的动作和想法固然没有错，但我建议你先别急于行动。我提出的这些思考建议，或许可以视为高客经营的第二视角。它并非否定之前的做法，而是对我们已有的成交模式进行强化。简而言之，关键在于你必须“懂客户”。这些思考建议并未进行具体解析，也未给出我的答案，因为我相信凭借你的经验和能力，不难理解答案及我所要表达的核心内容。

在这里，我想补充一些延伸性的内容：在我们为客户家庭制定金融资产配置方案时，是否充分关注到家庭的结构及其范围的界定标准？我们是根据代际关系来划分，还是依据群居模式？或者是以接触者为中心，进行有效半径的辐射式界定？是否可以简单地以婚姻关系为基础，并以直接的血缘和财务关联为条件来进行界定？在某些情况下，所谓的“家庭”是否实际上涉及更广泛的家族层面的考量呢？

在为高净值客户服务的过程中，我常会提到一个观点：无常即是常有，即在高净值家庭中，意料之外的变化屡见不鲜。所谓无常，主要是指人的无常，具体体现在以下三个方面：

首先，人的生死无常。疾病和死亡往往突如其来，无人能预知，而每次发生都会引发诸多变故，尤其是当家庭的核心人物遭遇此类变故时，影响尤为深远。

其次，人无完人。每个人都有自身的弱点，并且这些弱点是动态变化的。即便我们自认为武装到牙齿，无懈可击，也不过是自我安慰罢了。近年来，金融风波频发，许多受害者曾自视为商业巨头、职场精英，以为只有自己算计他人，岂料反被他人算计。现实无情地打脸，虽心有不甘，却无力挽回。

最后，人性的不确定性。面对巨大利益的诱惑，人性所面临的考验，其结果往往难以预料。

我多年来始终铭记一位前辈的忠告：不要总是试图考验人性，尤其是不要用不断增加的利益去试探，否则你可能会受到严重的伤害！我也经常对朋友们说：不要高估我们之间的情谊，当利益足够大时，我未必不会出卖你！这话听起来或许有些扎心、显得小人且龌龊，但细细品味，在现实社会的江湖中，你的处境又如何呢？

我们继续解析 Andy 在初次面谈中的表现：

Andy 不是一名新人，有着不错的业务经验，一些常规的业务动作是没问题的，初次拜访带了伴手礼，且因为是高客，所以他精心准备的是一盒价值过千的茶叶礼盒。

请思考：这份伴手礼准备得如何？如果为高客准备礼物，其核心要点是什么？如何把礼送到高客的心里去，而你又没有压力呢？（不涉及返佣等违规行为），这里可能会再次涉及 KYC（了解你的客户），了解客户不是只靠问些所谓的专业问题，更不是只围绕高客的保险需求。

我们略过寒暄，Andy 以“共同富裕”和“金税四期”开启晤谈。

请思考：对于这个话题及其形式，你有何看法？当刘总表示自己有所耳闻但并不深入了解时，Andy 随即展开讲解。暂且不论 Andy 的讲解是否专业，你认为他是否遗漏了某些关键点？例如：刘总从何处得知此信息，对方是如何描述的，刘总对此持何态度，以及他有何具体打算。如果在讲解之前，先行询问这些问题，是否会对整个面谈的成效有所助益？

刘总在 Andy 讲述过程中，进行了“噢，是这样啊！”“嗯”“是挺重要的”等类似的回复。

请思考：这些机械性的回复究竟意味着什么？你是否从中捕捉到了一些有价值的信息？例如，刘总对这些内容的了解程度如何？

他的关注度又有多高？他对 Andy 的讲解有何感受？在与高客交流时，及时捕捉对方的关注点和瞬间的关键反应，甚至主动挖掘或制造一个关注点，这对我们的成交又有怎样的帮助呢？

讲解后，Andy 单刀直入地询问刘总在这些内容中是否有他关注的内容或者问题。刘总回答说自己基本不太关心这些事情了，因为自己也不参与企业管理了。

请思考：刘总的反馈是否反映了他真实的想法？结合你之前对背景的分析，你将如何解读刘总的回答？刘总的回答又给你带来了哪些感受？我想，只要重新审视上一篇内容或进行简要回顾，应该就能获得不少启示。

在“共同富裕”和“金税四期”话题无果后，Andy 又迅速转入养老话题，刘总直接表示不考虑。

请思考：Andy 在当时场景下切换话题的举动是否适宜，是否有效避免了错失任何成交机会，并坚持了唤起客户需求的目标。刘总直接拒绝的行为又传达了何种信息？针对不同阶层的养老规划话题，其切入点是否应有所区别？

刘总表示尚有其他事务需处理，并赠予 Andy 一盒茶叶。Andy 领会其意，礼貌告辞，并表明下次将再次拜访。

请思考：刘总为何同样赠予 Andy 一盒茶叶，此举是否违背常理？若为刻意之举，其背后的含义或所代表的意图是什么？

整体思考：在此次面谈中，Andy 的表现有哪些可圈可点之处，又有哪些方面有待提升？你能够总结和提炼出哪些关键内容？

### 2. Andy 的第二次拜访

Andy 在第一次面谈后进行了自我反思，他认为自己的话题没选好。正好最近公司进行了高客“家族信托”的培训，Andy 觉得非常好，甚至培训时直接将刘总的情况进行了代入分析。于是，他决定第二次拜访刘总，并非常顺利地得到了刘总的应邀，再次约好在办公室喝茶聊天。

同样是简单的寒暄，同时送上精心挑选的一份老北京糕点和水果礼盒，然后 Andy 迅速切入家族信托话题。刘总表示这方面还真需要详细了解一下，于是 Andy 详细介绍了家族信托的重要性和保险金信托的优势，特别强调了保险金信托进入门槛低、尽调相对宽松等内容。刘总表示家族信托的确很好，Andy 顺势又切入了家庭资产保全的话题，又配合了传承的内容。Andy 滔滔不绝讲了将近 3 个小时，刘总在家族信托方面进行了部分互动，并在最后表示 Andy 讲得非常不错，但他得消化消化，下次接着聊！

### 3. Andy 的第三次拜访

一周后，Andy 再次向刘总提出拜访的请求，刘总也爽快地再次应允，并依旧邀请 Andy 前往他的办公室品茶。

简短寒暄后，Andy 就迫不及待地提到保险金信托的事项，并再次强调了保险金信托对家庭资产保全、传承方面的重要性和优势，甚至还部分提起了第一次面谈中提到的“共同富裕”和“金税四期”的内容，想借势营造一种紧迫感。但刘总表示家族信托什么的暂时不予考虑，不过的确想给家人们补充点重疾保险，包括两个儿子、儿媳和孙子、孙女，让 Andy 和他小儿子联系即可，并明确表示以后相关事项让 Andy 都直接找他小儿子。

结束面谈时，刘总送给 Andy 一支入门级的万宝龙钢笔（价值约 5000 元），鼓励 Andy 好好干，说 Andy 一定能成为保险行业的佼佼者。

在接下来的一周内，Andy 为刘总两个儿子的家庭全面配置了健康险，年缴保费约为 12 万元。Andy 的这三次面谈究竟算是成功还是失败？过程中有哪些值得称道的亮点？在与 Andy 的交流中，他坦言自己还是失败了，对此你怎么看？如果按照上述思考建议，你又能从这次面谈中总结出哪些要点呢？

如果你是 Andy，你接下来会如何行动？是隔段时间再次拜访刘总，还是转而专注于刘总的两个儿子？或是暂时搁置，待后续再寻找机会？

请思考：在当前时代和社会背景下，高客在保险服务领域是否真的缺乏资源？如果你认为差异性和稀缺性至关重要，那么该如何打造这些特质？又该如何解决高客因一个细节而全盘否定，并且不再给予机会的问题？

# 高客经营实战案例（二）

本小节分享的是一次不一样的高客陪谈。自 2016 年借助 CRS（共同信息交换准则）系统快速成交高客以来，我发现许多同行在高客面谈中逐渐偏离了保险的本质，转而在附加值服务上投入大量精力。这几年，共同富裕、金税四期等议题更是成为高客面谈的核心内容，甚至成为促成高客成交的关键手段。然而，保险的本质却渐行渐远，这与行业回归本源的总体趋势形成了鲜明的反差。

2023 年年初，我在陪谈中遇到了一位不一样的客户，让我难以忘怀。坦白讲，如果不是自己这些年一直研究高客经营，同时又能保持客观的认知，那么我在那次陪谈中一定会翻车。

在陪谈前的交流中，小伙伴的反馈是：客户是一位刚退休的高级工程师，老伴去世了，有一个 40 岁的未婚女儿，资产以千万计。之前的金融资产打理主要是委托私行理财经理进行投资，近期感觉投资回报不太理想，特别是资管新规后，总担心投资不安全，所以希望找个安全的地方把钱放进去。要求在保证本金安全的同时，收益、回报好一点。很多人也给他推荐了保险，包括各家的私行理财经理，也讲了共同富裕和金税四期，养老社区也提过，但老爷子什么也不说，不反对也不购买。大家都摸不到头脑，但确信老爷子一定是高客，而她和老爷子相对比较熟，所以想让我也和老爷子沟通一下，看看是否能搞清楚老爷子的需求到底是什么，卡点是什么？

老爷子坐在我面前时，双手抱怀，背靠椅背，面无表情。在小伙伴进行了一段很尴尬的开场后，只对我说了一句:“你说吧！”

我脑海里瞬间拉响警报：这不是一般的客户，反常，不合逻辑，要小心！我笑了一下说:“不着急，您先喝口茶，这茶是我的私藏，可惜会议室设备不行，可能泡不出真正的味道，您多包涵。另外我还真不知道说啥，您要是没问题要问我，咱爷俩就喝会儿茶。”话音刚落，小伙伴就急了，马上接过去说:“那我来说说吧，张总工（为保护客户隐私，姓名、单位等信息均为虚构）刚退休，资产量足够大，这些年的钱一直在银行投资，但近期回报不太好，银行也推荐买些保险，我也认为他应该配置一些保险，但是张总工可能有些问题不太清楚，所以请隋总帮忙解答一下。”“我没有问题，我有啥问题！”老爷子语气不善地打断道。同事尴尬地愣住，不知如何应对。

“没问题挺好的，咱们喝茶聊天，不是说这辈子相遇都是上辈子多次回眸的缘分嘛，咱们能一起喝茶，上辈子恐怕净回头了。”看着老爷子表情略显放松，我继续说:“您是不是被周围人烦透了，天天唠叨您买保险，否则会如何如何，共同富裕、金税四期、资产传承这些词是不是都听腻了。甚至有人说老了返贫更可怕，您想起来是不是就很烦躁，很反感？”“那你怎么看，你认为他们说的不对吗？”老爷子身体前倾，顺势端起茶杯。

“首先，老爷子，我得申明，我不是专家，也不是大咖，我说的观点仅代表个人，没有什么权威性，我们共同探讨，甚至说是我向您汇报，您也给我指点指点，多多指教！”

老爷子态度虽然缓和，但依旧少言寡语，只是偶尔应和一下。小伙伴也不知道该说什么，只能向我投来求助的眼神。我也觉得很尴尬，只能硬着头皮打破沉默。

“其实配置保险是为了对冲家庭的财务风险，保险不是万能的，解决风险的方式有三种：风险完全自留、部分解决、全部解决（注：从另一个视角讲，关于风险管理有规避、预防、控制、自留和转嫁五种方法）每个人都有自主权，根据自己的实际情况进行选择。即使是现在大家都在热议的共同富裕、金税四期等，也未必和所有的高净值人群都有风险关联。其实，有没有这些事，保险配置对于我们来讲都是要考虑的，甚至是我们的必选项。这些热门话题，我们听听倒是没坏处，有一定的道理，但这一定不是我们配置保险的根本原因。我也很惭愧，的确有很多的保险从业者，用这些话题去吓唬客户，制造恐慌，希望能快速成交一些业务，这是一个非常不好的行为！”

“本来就是，我怕什么？我有什么可怕的！”老爷子突然说道“我是有钱，但我的钱是国企股权改制分红给我的，是合法的。即使后期的投资收益，也是通过正规渠道进行的，都是合法纳税的。我的钱怎么不买保险就得被没收，税务局凭什么罚我，我的钱怎么就不是我的了。买保险，钱是我的，不买保险，钱就不是我的了，这是什么逻辑？这是什么法条？这是什么规定？难道国家就不讲理吗？我不信，我也不怕。”老爷子一开口便滔滔不绝，甚至有些激动，配合手势，宣泄着心中的不满。整整 20 分钟，我只能默默倾听，偶尔为他斟茶，不断点头，以简单的回应表示认同，却不敢打断他的持续宣泄。

随着老人家长出一口气，我感到他或许已将情绪宣泄得差不多了，且他的情绪似乎也平稳了许多。于是，我带着满脸歉意说道：“真是让您受委屈了，难得您心胸如此宽广，一直能忍受他们，还让他们天天给您上课。”

“我这可不是针对你，如果你真如他们所说，那我无话可说。给小刘一个面子，和你见一面，我就回去了，没什么可聊的。”老爷子的这番表态，在我看来是此次面谈的一个转折点，传递了积极的信息。

然而，我并未立刻回归保险话题，而是和老爷子聊起我正在规划的养老事宜，并坦言压力很大。老爷子表示，尽管他目前已退休，但被公司返聘，每月收入约 2 万元，再加上退休金和储蓄，对养老的财务问题并不担忧。考虑到自己身体状况极佳，他打算工作到 70 岁。他不喜欢养老社区，更倾向于在家养老，并表示除非自己行动不便，否则坚决不去养老社区。他坚信，即便没有保险，凭借现有的积蓄，也能应对养老问题。目前，他希望找到一个安全的地方安置资金，既不想操心，也不愿赔本，还期望获得略好的收益。

聊天中，他讲到了自己的女儿，快40岁了，工作很稳定，但就是不结婚，有假期就全世界转悠。他对自己这个独生女很操心，但也管不了。老爷子在聊天中提到，这些年他总跟女儿说:“你老是不结婚，如果我不在了，谁管你，你一旦有事怎么办？”这时，我问了一句：“您和您女儿都这么优秀，家庭条件也这么好，你还担心什么呢？”

老爷子感慨道，人无完人，世事难料。只要自己还在，相信女儿不会有太大问题。但一旦自己百年之后，女儿也日渐衰老，按照她目前这种不稳定的状态，万一遇到意外，连吃饭都可能成问题。“真是可怜天下父母心，尤其是父女之情。常言道，女儿是爸爸前世的情人，这话确实不无道理。那么，假如有一个解决方案，能够确保您女儿这辈子无论遭遇何种变故，都能衣食无忧，并且永远不会因财务问题而影响她的幸福指数，您是否会考虑呢？当然，这个方案必须在您的能力范围内，并且完全根据您的意愿，由您最终决定。”我顺势引入了子女的话题，多年的经验告诉我，成交的基础共识点应该是找到了。

其实，老爷子对自己女儿的未来一直有所担忧，尤其是在他百年之后，这份慈父之心更是显露无遗。当我提及有一个方案能够缓解他的忧虑时，老爷子并未流露出强烈的渴望或惊讶之情，想必是见多识广，内心大概在想：做销售的这些人总能编出些诱人的理由，让我购买他们的产品。“是吗？说说你的建议，这个方案是什么？我也得看看是不是真的能解决我的问题，才好决定后面的事！”老爷子喝了口茶，淡淡地说道。

我回应道：“客观而言，您对女儿未来的担忧，大概率是无法完全消除的，尤其是希望亲自为她解决一切问题。因此，我建议您只需专注于自己能解决的问题，并尽力做到最好，就足够超越大多数的父亲了，而且一定是位超级合格的父亲。每个人都有自己的人生路，他人无法完全干预。而您的女儿有您这样的父亲，就像很多人说的，一定是上辈子拯救了整个银河系，否则哪有这么幸运！”

“哪里，哪里，既然当了人家的爹，就得对人家负责，这辈子我还算幸运，最起码在经济上没有压力，干点啥都不用太考虑钱。”老爷子喝了口茶，虽然极力想表现得淡然，但那份自豪感已溢于言表。

我继续说道：“我对生活规划的理解，是基于国际上流行的马斯洛需求理论。先满足生理和安全需求，再追求社交、尊重以及自我实现。我认为，其中不可避免的一个问题是财务问题，如果财务不自由，多数人很难真正达到这些理想状态。当然，伟人除外！从表面上看，您和您女儿的财富足以保证这辈子不会有财务压力，但根据我多年服务高净值客户的经验，许多不可抗拒的隐性因素仍需考虑。例如，最关键的因素是人的无常！人有三种无常：一是生理的无常，生老病死非我们所能掌控，许多高净值家庭因突发变故而导致混乱，甚至崩塌、返贫（这里我列举了两个当地案例，省略不表）。二是人无完人，许多人自认强大，实则仍有短板和弱点，且当下没有不代表未来没有（这里我以许多老年人被传销宣传蛊惑而做出冲动行为为例）。有时，我们犯错后无法重来，尤其是老年阶段。三是人性的无常，面对巨大利益或重要事件时，人性易变，这其实是本性的回归，难以抗拒，俗话说的‘人心隔肚皮’也算是一个局部的解析吧。因此，我常提醒身边人，不要轻易挑战人性，否则易受伤害！在规划未来时，务必充分考虑这些隐性因素。老天赋予我们机会，通过努力登上金字塔上层，我们就应避免跌落。要确保一生保持现状甚至更好，若有能力，也应尽力为下一代乃至第三代布局。当然，任何布局都无法绝对安排，100% 的确定性是不存在的，但我们要确保做出相对最优的选择，让现有优势延续至未来。”

“你说得好像很有道理，我自己就不用什么布局了，我女儿的问题，你看看怎么解决，我并不排斥保险，只是不想听那些乱七八糟的东西，有需求我就买，没需求，他们怎么说也没用！”老爷子的这番话，让我看到了本次面谈的曙光，总算是切入正题了！

老爷子表示自己的养老规划暂时不用考虑，让我说说会如何给他女儿做规划。

“关于您女儿的财务规划，我建议从四个维度考虑：一是时间维度，从现在开始，分为中年和老年两个阶段；二是风险维度，分为健康风险和养老风险，甚至是婚姻风险，现在不结婚，不代表未来一辈子不结婚，遇到一见钟情的，可能还会闪婚；三是爱的规划，您希望在多大程度上为她提供必要的支持；四是执行维度，包括对风险自留、部分解决、全部解决的选择，方案结构的搭建及产品筛选，以及

5W2H 的执行原则。此外，您可能还要考虑一些特殊原因，例如我之前提到的人生无常。您在幸运和努力的共同加持下，创造了这么多的财富，您一定希望最大限度地安全传承。您觉得按照这四个维度和逻辑来设计您女儿的财务规划是否可行，您有什么意见或者建议？”

我一边思考，一边组织语言，还要观察老爷子的显性和隐性反馈，可惜小伙伴没有一丁点儿配合。**为了流畅沟通，我们要设计自己的沟通逻辑，形成沟通框架，形成肌肉记忆。这样，在具体的面谈中只需为框架补充内容元素，是我这些年一直坚持刻意练习的动作。**

“你接着说，我听听！”老爷子没有表态，但也没有反驳，让我继续讲，这是个好现象。“您女儿的中年时期，基本与您的老年时光重叠，您如此健康且富有，百岁人生已是定数，甚至有机会与女儿共同养老，这并非奇迹，而是很可能的事。有您在，女儿的财务问题基本不大，只需处理极端变故带来的风险即可。毕竟，人生无常。但有时，我们不仅要考虑能否解决问题，还要看性价比，该省的钱一定要省，毕竟钱是辛苦赚来的，而且钱并非万能。因此，女儿的中年阶段，我建议配备相应的健康险，但财富的所有权和控制权仍应尽量掌握在您手中。您最担心的应是女儿的养老阶段，养老规划看似简单，实则涉及健康、财务、家庭、认知四个问题，我能提供的是财务解决方案，其他三个问题可能爱莫能助。财务问题可归结为四大账户：衣食住行账户、保健医疗账户、享受账户和家庭账户，前两者是刚需账户，后两者是价值选择账户。但我们必须关注一个与养老规划密切相关的因素——人性的挑战，冲动和偶发事件都可能带来不可逆的灾难。因此，在解决财务问题时，稳定的现金流比现金池更可靠，应是首选。谈及养老规划的财务解决方案，能提供安全、持续现金流的养老年金产品应是第一梯队的选择。那些以灵活性高、收益率诱人的增额寿类保险产品作为养老第一梯队解决方案的，要么不专业，要么未真正从客户需求出发，单纯为快速成交（这个表述可能让一些竞争者难受）。所以，不考虑其他问题，您女儿的规划并不复杂，所有规划只是在遵循对冲风险的基础上，确保高性价比地将钱放在合适账户里。我一直建议客户，该投资就投资，该花销就花销，该存就存，该买的保险一定要买，而非有钱只买保险。所谓挪储、金融房产、金融儿女等，都是套路，甚至是误导！此外，所有设计方案还需充分考虑政治、经济、社会、科技和物理环境的影响因素。您看呢？”

“就是，也不能啥钱都买保险，好像不买保险就不对。不过听你这么讲，不仅我女儿要规划，其实我也需要。我也是人，也可能出现问题，也得规划，还有婚姻和传承问题，你也得跟我讲讲，我想了解了解，但不见得现在就行动，毕竟还远着呢！”

你觉得老爷子说完这番话，是否使面谈进展逐渐好转了呢？

老爷子主动提出，根据我对他女儿的规划建议，他也需要规划一下。这与之前的冷漠和对立状态完全相反，其实我很纠结，因为这是一个切入家庭整体规划的绝佳机会，但我不确定老爷子是否真的想明白了，还是临时起意，或是对我的进一步考验。脑回路快速自我辩论后，决定稳扎稳打，不贪多，不冒进！成交需要技巧，但不能缺乏真诚！

“如果您同意这个思路，那就辛苦刘经理（我的小伙伴）帮您设计方案了。不过，我还要啰嗦几句，关于保险配置，结构设计至关重要。正常情况下，一是要与您家庭的财富结构及现金流动态匹配；二是每个人的配置，表象是独立的，但内在相互关联，甚至形成网状结构，特别是以家族为单位。您现在的情况相对清晰、简单，配置好女儿当下的解决方案后，若您有新需求，可局部调整。我们在设计时会特别关注这一点。所有解决方案都需根据您的需求和家庭阶段性情况决定是否调整。还得辛苦刘经理，帮您评估、汇总已有保单，进行风险对冲比对，确保新方案与已有产品高度无缝对接，避免局部不足或冗余。从基础风险到中端风险的解决方案，先为您配置好。您提到的婚姻风险和传承部分，目前不急于一时，推迟几天或几周影响不大，当然，早点解决更轻松！”我尝试将接力棒交给小伙伴，因为当时下一位陪谈客户已接近餐厅，另一位小伙伴再三催促，商务餐也是我日常陪谈方式之一。我觉得先打好基础，通过彰显我们之前的四性定位，在老爷子心中树立良好形象，未来可期，贪多反而欲速则不达。

“好吧，看来你是有事吧，还合计中午一起吃饭聊聊！你聊的的确和其他人不一样，我感兴趣。下次我请你喝茶或者一起吃个饭！”老爷子此时的表情与初见时截然不同。“其实刘经理专业比我强，在产品方面更是我没法比的，估计是和您太熟悉了，反而有点紧张，或者有些话不好意思直说。我是属于旁观者清，而且没有压力，敢于直言，其实我也知道，很多地方说的，一定也让您不舒服或者不满意了，只是您修养好，没跟我一般见识。另外，下次一定是我请您，咱爷俩得先走中国文化的伦理之道，哪有长辈先请晚辈的！……刚才说会议室条件差，茶没喝出味道，给您带一饼我的藏茶，您回去慢慢品……”

到这里，后续的我不再赘述，算是又一次完成了小伙伴交给我的陪谈任务。最后我想谈谈陪谈心得，很多陪谈以专家、高管、大咖等身份出现，一是借势加持，二是彰显重视度。而我认为这并不好，尤其对被陪谈的小伙伴极不友好，不仅挑战其专业形象，还增加长期服务压力。因此，每次陪谈，我都会设计一个与小伙伴平行的身份介绍，并在面谈中刻意为其进行身份加持，绝不让客户觉得小伙伴无法满足服务需求，甚至产生怀疑。

在高客面谈中，我建议注意场景搭建和氛围营造。多数小伙伴只关注说什么、怎么说，却忽略了何时说、如何创造最佳时机。我认为，火候未到时强势输出是低效甚至无意义的。很多小伙伴以量取胜，认为说得越多，成交可能性越大。而我坚持以质取胜，能把话说到客户心坎里，让客户认同，才是成交关键。所以，面谈中，在对的时候说对的话，不在于多而在于精，可能更有利于成交。

# 高客经营实战案例（三）

在分享本案例前，我想先谈谈一个关键环节——案例萃取。无论是分享个人经验还是团队成员的实战经历，萃取都是一个关键环节。然而，不少案例分享看似热闹，实则缺乏深度，甚至存在误导。究其原因，主要在于三点：分享人选择不当、萃取流程不科学、缺乏后续跟踪。有时，分享内容严重偏离实际，沦为为迎合主题而编造的“剧本”。

我认为，萃取的前提是选择合适的被萃取人，即分享者，并明确萃取的关键点。我总结了一套案例萃取方法，通过七次面谈逐步完成：

**第一次面谈：** 请分享者以流水账形式完整叙述案例，避免主观臆断。

**第二次面谈：** 隔日后再次叙述，比对前后一致性。

**第三次面谈：** 再隔两日重复面谈流程，进一步核实细节。

**第四次面谈：** 深入探讨成交的核心原因，包括数据、证据与底层逻辑。

**第五次面谈：** 共同提炼底层逻辑、关键节点、亮点与暗点，若有分歧则引入第三方视角。

**第六次面谈：** 结合受众分析内容的可复制性与个性化表达方式。

**第七次面谈：**形成初步分享稿，根据目标定稿。

这个提炼流程虽能提升案例质量，但执行过程极为耗时耗力，因此实践中，我也很难严格按照这一流程执行。在日常工作中，案例提炼、规划与复盘是我最不愿面对的三项任务。

接下来分享一个失败的案例。

一位小伙伴希望通过小红书打造自己的个人IP，同时开拓主顾。某次，有人留言，表示想咨询保险，这绝对是个好消息。按照对方留下的联系方式，小伙伴快速添加了微信，并约定了线上面谈时间。

电话接通后，小伙伴先进行了简单的寒暄和说明来意。虽然没有写出过程，但我要提醒你，和客户交流的每一个环节都至关重要。不要误认为只有谈及保险需求、解决方案等内容的环节才是重要的。

以下是简化后的对话内容，A代表小伙伴，C代表咨询者。

A："请问您想具体咨询哪些保险问题？"

C："我想先咨询大病保险，就是得大病了，给赔的那种。"

A："那您是想咨询医疗保险和重疾保险两方面，还是单一的重疾保险？一个是负责报销的，一个是生病后替代收入的，保额通常为年收入的5～10倍。"

C："医疗我暂时不考虑，重疾的我买了一些，但不知道够不够，需不需要再买点。当时有朋友让买的，也有银行让买的，乱哄哄的，不知道买得对不对，感觉他们都不专业。"

A："我能收集一些您的信息吗，否则我无法帮助您进行判断。"

C:“没问题，你都需要知道什么？”

A:“请问您已经买了多少，您的年收入是多少？”

C:“我和我媳妇，每个人累计买了30万的，年收入就算200万吧，做生意没准，但每年几百万还是能赚到的！”

A:“您家里的人口结构是什么？”

C:“一家五口，我爸、我妈，还有我们一家三口。”

A:“您打算给自己和太太配置，还是给孩子也配置？”

C:“先看我和我媳妇吧，孩子还小，老人买不了。”

A:“您和您爱人的年龄是多少？”

C:“我50岁，我媳妇47岁。你先给我出个计划书，我看看，研究研究。买不买，还没决定呢。”

A:“您和您太太过往有什么病史或者不舒服的地方吗？”

C:“我俩很健康，身体没大毛病，这些年也没住过院。”

A:“那应该没问题，您还有其他特殊的要求吗？”

C:“没有了，你看看怎么配置合适。”

A:“请问您要不要考虑子女教育，还有自己的养老？”

C:“暂时不考虑，先看大病这个吧。”

A:“好，那我明后天给您方案。您看行吗？”

C:“行，没问题。”

第二天，小伙伴选择了3款重疾险，并按照客户的信息做了两个30万保额，10年缴的计划书，给对方发了过去。

先请你判断一下后续会发生什么，接着请你思考：

在这次面谈中，A 小伙伴表现得如何，亮点和不足分别是什么。

如果是你，整个的线上交流过程会有什么变化。

如果你有建议，建议是什么，依据又是什么。

我先公布这次咨询的结果：小伙伴给客户发完计划书后，对方就没了下文。后期尝试沟通了几次，对方都说事情比较多，等他有空再说。再之后，对方就彻底不回复信息了。小伙伴通过后台看到，对方连方案都没打开，排除了所谓的骗方案的说法。同时，我们也排除了客户因为无聊而折腾的可能性。小伙伴很郁闷，找我来复盘，我建议他在复盘的同时搞个小萃取。

首先，我建议他要接受一个事实：做公域流量的主顾开拓，就要接受公域流量的属性和特征。例如多样化的信息和人，只有想不到的，没有公域里没有的。因此，要能接受各种稀奇古怪的事和人，不要纠结。其次，这种来自公域流量的信息在真实性和完整性上通常会出现很大的偏差，这是很正常的。无论是出于自我保护，还是出于初心和行为逻辑，对方都很难直接和你摊底牌。即便在开展私域经营的过程中，建立信任同样需要一个逐步推进的过程，这往往也是成交的最大成本。请你思考以下几个问题，我也根据这几个问题简要分享一下自己的浅见。

**（1）对方为什么要在线上找咨询顾问？是线下找不到吗？**线下基本是能找到的，特别是这种重疾类的保险咨询。线上咨询，排除无聊和随机的因素外，基本要么是因为和熟悉的人咨询有压力，怕产生麻烦；要么是身边找不到自己满意的顾问。第二种情况在高客群体中经常发生，还有人因为特殊的原因，不愿意选择本地的顾问提供服务。

**（2）对方的第一诉求是什么？**虽然提供情绪价值很重要，但线上来的客户资源，我认为对方的第一诉求应该是你的专业表现。

**（3）你是否能做到，从电话接通的那一刻起，每句话都彰显专业性和差异性，并迅速启动线上沟通模式？**精准的表达、清晰的框架逻辑，以及形式上的体验感营造，都能让对方在专业层面获得良好的感受。基于对同业行为特点的熟悉，在确保准确性和匹配性的基础上，应优先展示差异性。许多同事发现，我在业务面谈中，常在不经意间构建起护城河，甚至直接将竞争对手排除在外。我常引用《三体》中的话打趣：“那是我消灭你，与你无关。”另外，线上的沟通模式和线下沟通模式有很大区别，两者需要不同的处理方式和沟通逻辑。OMO（Online-Merge-Offline）模式强调的是化学性的有机融合，而非简单的物理拼接或机械搬运。这意味着线上线下不是两个独立部分的叠加，而是要实现深度化学反应，创造出全新的、更高效的沟通体验。

**（4）每一次面谈前，是否都进行了充分的准备？**这些通过线上渠道接触的准客户，往往难以在短时间内判断其是普通客户还是高客，是有效客户还是无效客户。在这种情况下，建议大家设计一套个性化的流程，并根据实际情况在执行过程中不断优化和调整。例如，只要对方同意添加我的微信，我便会以专业的语气与其打招呼，随即发送我的职业资格证书和电子名片，同时附上我的工作室链接。此外，还有一个不容忽视的隐性因素——朋友圈的影响力。

工作室的介绍从多个维度进行了全面展示，包括个人的资质与认知、所在团队的特点、服务流程、方案配置依据、案例解析，以及热点关注建议等。通过实践验证，这种介绍方式在帮助客户迅速建立对我的专业形象认知方面效果显著。至于其他准备工作，在此不再赘述。这些准备多为常规且基础性的，例如对知识点的熟练掌握、成交框架的搭建、逻辑模式的设计能力，以及面谈中的沟通技巧等，这些要素适用于所有面谈场景。

面对陌生的准客户或刚建立关系的半熟人，在特殊情况下直接进入保险话题时，需要一边沟通，一边多维度收集对方的信息。尤其是对于主动咨询的客户，建议不要一开始就长篇大论，进行教学式的科普讲解。我始终坚持在对方的认知水平上，用对方熟悉的语言和喜欢的方式展开面谈。即使触及对方的认知盲区，我也会秉持深入浅出、柔中带刚、刚柔并济的原则，一边与客户沟通，一边收集关键信息，同时不断调整自己的沟通内容、节奏和方式，这对我们确实是一项挑战。

在案例中，客户开场时使用了“大病保险”“得病就给赔”等描述，我们能初步捕捉到哪些信息？当客户提及需求时，强调了过往购买保险的渠道和感受，又能捕捉到哪些信息？客户透露年收入时，是否对某些因素进行了确认？如果将这些信息连贯起来，是否发现沟通逻辑和呈现方式存在不足？

继续探讨这次简短的线上面谈，哪些信息需要在面谈过程中特别关注？例如：客户的财富来源、生活环境、潜在服务竞争对手的层次、客户的文化底蕴、认知水平，以及接触保险信息的频率等。这些信息虽不能直接反映客户需求，但对促成交易却至关重要。

当客户提到产品购买混乱，感觉银行和朋友都不专业时，你作何反应？是否捕捉到这一轮面谈的核心目标？要营造何种场景，展现何种形象，让对方获得怎样的体验感？答案其实很简单：专业！专业！专业！如何展现专业，也是一门学问。真正的专业绝不是堆砌所谓的专业词汇，不是讲对方听不懂的理论，也不是只有高客才需要专业。

当客户提到年收入至少200万元，做生意虽不稳定，但每年收入至少也有几百万时，你是否立即意识到之前提出的按对方年收入的5～10倍计算重疾保额，完全是自设陷阱？没错，这是一个直接表明身份的高客。

之前在探讨高客部分时，我曾强调，高客的思维模式、风险管理方式以及对产品和方案的诉求，与普通客户存在显著差异。有位老师曾指出，若难以判断对方是否为高客，务必牢记，对企业主应始终按照高客的标准提供服务。

无论是对于普通客户还是高客，医疗险和重疾险的基本功能均为报销和固定保额的赔付（暂不考虑增值服务和高端医疗因素）。然而，这两类险种对两类人群的价值和意义截然不同。例如，重疾险在高客群体中的价值，不应仅从收入替代的角度解析，而应着眼于风险管理的杠杆效应。因此，在确定重疾险保额时，要么依据客户在该领域的投入意愿，要么参考过往高客的普遍保额，通常以200 万保额为起点。

此刻，你是否意识到，一位高客通过互联网平台如小红书咨询重疾保险，背后可能隐藏着更深层次的需求？近一年中，我多次陪谈的高客均来自互联网，且多数起初仅表示咨询医疗和重疾险，最终却成交了年金险和增额终身寿险，且保单金额较大。

当客户表示："先看我和我媳妇的吧，孩子还小，老人买不了"时，你是否思考过，在缴费毫无压力的情况下，不考虑孩子的保险，究竟是认知不足，还是意在考验我们的专业度？面对这种情况，应如何回应？绝不能说："先生，您太明智了，看来您对保险颇有了解，家庭的基础保障确实应先为大人配置，孩子确实不急于一时……"若如此回答，只能用一个字形容——"晕"。

最后，仍需提醒大家，切勿忽视每一次与高客的面对面交流。在每次高客面谈中，务必展现出最佳状态，因为稍有不慎，这或许就会成为最后一次机会。

高客经营很有意思，无论是听分享还是上课，都在探讨如何经营高客，强调其难度之大，涉及各种专业知识，需处处谨慎。然而，这些年我在与高客的陪谈中，常遇到令人哭笑不得的情境。

例如，去年陪同与一位高客洽谈，我们准备非常充分，甚至提前进行了两次场景演练。鉴于此前两次交流，客户反馈良好，甚至给出了预算，我计划此次会面不仅呈现方案，还要稍作促成，为未来的PC（Presentation and Closing，指说明与促成）阶段奠定基础。然而，见面后，客户始终不切入正题，只是闲聊。我几次试图引导话题，均被客户打断，他笑着说："保险的事不急，先聊聊天，喝喝茶。"无奈之下，我只能尴尬陪聊，后期索性放开，天南地北畅谈。

结束时，我正懊恼，客户突然问："不签单吗？不是要签单吗？"几十页的方案还没呈现呢，就这么成交了？不合逻辑啊！客户说："不就是200万，交五年吗？我知道了，签吧！"如果是你，说说是啥心情？后期也和客户聊过，客户说："200万的事，不用搞得那么复杂，主要你说话挺务实的，小李为人也挺好，我们三个挺合的。签个单嘛，不用那么费劲。"我脑海里当时想起前辈的一句话："不要用你的口袋去量客户的麻袋。"但是转念一想，客户是真的丝毫没有考量吗？是真的随意就做了决定吗？

这个案例让我想起之前在高客训练营中提及的一句话——"参与促成，守住成交！"这也是我从事高客经营多年的一个心得总结。

# 第五章

# 新时代新招募思维

最初，撰写招募这部分内容有两个原因：一是所在机构面临的招募困境以及同业伙伴们的迫切需求；二是荣幸地受到中国金融传媒集团（原中国银行保险报）的邀请，制作了一套关于新招募思维的视频课程。整个内容的设计与组合严格遵循以下原则：以事实为依据，以实战为检验，以过程为核心，以结果为导向。因此，本内容并非纯学术探讨，而是基于实战经验的总结与提炼。若在理论深度或知识系统性方面存在不足，敬请各位谅解与指正。

## 新招募的思维改变

在探讨招募问题之前，我们首先需要解决思想认知层面的根本问题。这部分内容将从与招募相关的数据和状态入手，分析影响招募成功的核心原因，并对比新招募思维和传统招募思维的区别。

招募，或称增员，一直是寿险营销发展过程中各机构的核心工作，甚至被视为首要任务。许多机构甚至提出了“没有招募就没有一切”的口号。实际上，招募模式的变革早在十几年前某家寿险头部公司推出“优才计划”时就已经拉开帷幕。特别是2018年左右（可能更早），许多机构开始意识到招募工作进入了瓶颈期，这种困境在长期效应上表现得更为明显（当然，也有人认为寿险营销的招募工作从未真正考虑过长期效应）。

虽然许多机构或者团队长已经开始关注招募变革，无论是在人才密度提升方面，还是渠道拓展、模式创新等方面，都未能找到一个很清晰的路径或方法。如今，许多机构和团队长在招募上依然处于边实践边探索、边总结边调整的状态，缺乏系统性规划，导致整体效率和性价比偏低。

### 1. 团队招募的现状

在每次经营面谈中，“招人难”总是位列问题反馈的首位，且被频繁提及。与此同时，“带人难”和“赚钱难”也相伴而生。我有时也会反问：如果有足够的财务回报，你是否还会觉得招人难和带人难？这样反问主要是想确认，问题的根源究竟是意愿上的欠缺，还是技能上的不足，当然，这两者并非截然分开。

随着上述问题在团队中日益严重，招募主体呈现出三种不同的状态：第一种是依然坚持积极主动地进行招募；第二种是顺其自然，有合适人选就招，没有也不强求，既不主动也不排斥；第三种则是明确拒绝招募，完全不采取任何招募行动。令人忧虑的是，前两种状态的招募主体也逐渐显现出停止招募的倾向。曾经盛行一时的晋升文化，如今面临着前所未有的巨大挑战。

其实，与招募相关的无非就是三个领域：第一个是市场端，即准招募对象端，如果把招募和销售统一起来，可以统称为C端；第二个是团队或者机构，我们统称为B端；第三个是个人，统称为A端。

我们来看一下C端、B端、A端的现状。首先看C端市场：虽然表面数据显示目标人群规模庞大，但真正愿意加入且适合我们行业的人才并不充裕。毕竟，招募是一个双向选择的过程，并非单方面选择对方，对方就会接受。

在新时代背景下，C端人群在自然状态、工作经验、学业学历、工作诉求以及认知高度等方面，均与过去存在显著差异。在近两年的招募面谈中，我注意到面谈对象在过往工作经历、认知水平及学历方面均呈现出显著提升，他们更加理性且具备独立见解，这无疑增加了招募的难度。

我认为，对于当前众多优秀的C端人才而言，他们之所以未选择我们行业，并非出于主观意愿的排斥，而是源于我们在招募模式、技能要求及流程设置上存在不足。

C端群体足够大，但我们却不能仅凭这一点制定招募策略，还要客观评估我们实际能够触达和影响的有效人群规模。这也解释了为什么在现实中，我们的招募数量呈现下降趋势。如果有兴趣，可以回顾一下过去两年团队的招募情况。通过综合评估会发现一个积极现象：虽然数量有所减少，但新招募人员的整体质量明显提升。这提醒我们需要更加关注招募工作中量变与质变的转换关系。

再看B端，无论是机构还是团队，很早以前就关注到了市场的变化，并做了相应的改变。许多机构早早着手布局，从人才密度、人员结构等方面进行战略调整，同时在许多层面和领域进行变革和创新。因为大多数机构发现，未来寿险行业的发展一定得聚焦于人才密度，单纯依赖过去的规模战术和人海战术已不再可行。过去 30 年，红利主要赋予那些努力的人；而未来 30 年，红利将更多赋予那些既努力又有能力的人。低垂的果实已寥寥无几，而高处依旧硕果满枝。

但同时，我们必须正视周期性压力和传统模式的固化问题。规模越大的公司，转型难度也越大。尽管行业中已有几家公司在早期便开始探索变革，例如推行优才计划，甚至有公司将代理人渠道划分为两种模式进行经营——一种沿袭传统路线，另一种则完全依照新模式运作。然而，从目前的结果来看，这些尝试难以取得显著成效。原因在于，整个行业环境及配套体系难以同时支撑和匹配两种模式的并行发展。

因此，当大家责备机构或领导层未能对市场变化做出迅速反应时，其实是有些误解。事实上，他们已经做出了快速反应，但遗憾的是，固有模式成了最大的障碍，阻碍了变革的步伐！

再看 A 端，即我们自身。首先，招募难度因 C 端的变化而显著增大，候选人对我们的要求明显提升。其次，从我们当前付出的回报来看，招人、带人的性价比大幅降低。此外，资源、赋能等方面也显得不足。尽管许多人积极参与培训和活动，但结果却未能根本解决当前的招募问题。

因此，C 端、B 端、A 端都处于亟需变革的时刻，正处于一个拐点上，但我们又难以迅速进入新的快速发展通道。

“报行合一”对我们基层的影响就是体现在费用上。客观讲，很多机构采取了相应的措施：调整基本法，如大幅调整佣金、管理津贴比例，同时在营销支持上的费用也大幅缩减。这些变化对我们的心态和招募意愿确实产生了影响。但如果能正确解读，便能从中看到希望。例如，“报行合一”将促使行业更加健康发展，让团队中真正适合这个行业的人脱颖而出，能够在这个行业中长久发展，甚至实现个人梦想。

因此，我认为“报行合一”不应降低大家的招募意愿，相反，应激发我们更强的招募动力。我们要为这个行业吸引更多优秀人才。遗憾的是，当前很多人对“报行合一”的理解有所偏颇，将其视为招募的障碍。我在谈及招募时，则将“报行合一”视为行业向好的标志。

总结而言，我们当前的招募工作已经进入了新阶段，仅凭单一的状态改变来解决问题难以取得实质性突破，模式的升级才是突破困境的关键。我们可以套用一句话来形容：老地图找不到新大陆。会开手动挡汽车的都知道，车刚起步时需要挂一挡踩油门，油门踩得越深车跑得越快。而当车速达到三四十千米 / 小时，如果不换挡，光靠踩油门，车还能继续加速吗？想要把车速提到 100 千米 /

小时甚至120千米/小时，在一挡的限制上是不可能实现的。踩油门就叫改变状态。

在招募工作中，我们常常采取的“踩油门”策略包括加大招募量，配备招募激励方案和密集培训，但这些传统方法如今已难以解决根本问题，甚至让团队产生了疲劳感和免疫力。这正是提示我们“换挡”的时刻到了，如果不能及时升级招募模式（换挡位），仅仅依靠加大资源投入（猛踩油门），即便投入再多资源，也无法实现招募工作的质的飞跃。

有人提出直接起步挂2挡、3挡，甚至起步就挂5挡。然而，谁有能力上车起步直接推5挡？因此，模式升级并非否定上一个模式，而是在其基础上实现跃迁。大家切莫误解，新模式的出现并非要全盘否定老模式、一刀切，不是这样的。

实际上，在此期间，无论是机构还是团队都在积极努力，“老三样”（即设置招募激励方案、提供招募培训、大力追踪招募进度）的推动举措在过渡期也并非毫无成效。2024年，许多团队在招募上展现出逆势上扬的显著成绩。尽管在“报行合一”的背景下，众多机构的基本法调整，不仅涉及佣金、管理津贴等费用的变动，更在结构设计上下了大力气，以往数人头的多层多级组织模式势必需要改革。这不仅与费用多少直接相关，更与寿险营销人力的发展趋势紧密相连。

## 2. 新招募思维的缘起

严格来讲，我对新招募的思考是从 2019 年开始的。虽然当时我主要关注的是高客经营，且不在顾问渠道（个险渠道）工作，但出于个人爱好和多年一线的经验，结合在非寿险行业的新零售交流和学习，在某次的业外授课中，我忽然觉得寿险营销的招募模式在新时代背景下也必须要改变了。新时代下目标人群、社会背景的变化，结合寿险行业的发展和互联网 + 的兴起，都在不断提醒我们，招募模式的变革势在必行。遗憾的是，我提出将 IP 打造、社群营销、自媒体经营等新元素融入寿险销售和招募的构想被认为是异想天开，提出的新招募思维也被抨击成无稽之谈。考虑到“不在其位不谋其政”的原则，我决定暂时不再深入研究寿险领域的新销售和新招募内容，仅将其作为业余爱好偶尔思考。

2021 年初，当我重新回归顾问渠道（个险渠道）后，发现所在团队若不进行招募变革，将面临生存危机。因此，尽管当时还需应对“重疾新规”浪潮的后遗症和团队快速磨合的压力，我仍将招募变革放在了首位。虽然现在回想起来，当时效果并不是很好，甚至遭到强烈反对，并在许多方面不得不妥协和让步，但在方向上，我坚持住了底线。

客观地讲，当时我也没有成形的、系统化的新招募模型，只是大概思考后，觉得这件事是一定要做的，就直接上手了。我还记得第一个关于招募的变革是把新人班从 2～3 天的开放式培训调整为岗前 21 天封闭式培训，几乎遭到全团队的反对。这些年，我始终感激当时唯一支持我的小伙伴——杨玲！当然，也要感谢当时虽不赞同但恪尽职守的张雷和王玉婷两位小伙伴。

但是很遗憾，当时团队就招募问题做培训时，主要内容依然是从传统的思维解析为什么要坚持招募，例如从未来晋升、从收入结构、从市场需求，再到大家不做招募的原因解析。虽然做了反复的、分层的宣导和培训，但客观讲，这些理念和内容应该算是炒冷饭或老生常谈了。还好，我在启动团队意愿的同时，也关注到了积极的赋能，例如加入了个人 IP 打造等内容。

2022 年，经过一年多的摸索和与同业小伙伴的频繁交流，我在一片质疑中坚定地推出了“因我而知，因你而来！如果是你，一定是我！”的新招募思维（下一节将会详细介绍），这一理念后来也被同步应用到销售服务领域。

回顾过去，你在招募上是否也主要依赖通过晋升文化营造氛围、通过激励方案激发意愿、通过专项训练强化赋能，再结合新人奖励来推动招募？在此，我要强调一点，变革或改革并非要全盘否定过去。有时，变革就是一次升级，一次模式破局，甚至可能是老元素的新组合。从信息时代到高概念时代，并非简单理解为感性替代理性，实则是一个结构重组的过程。

# 新招募的行为改变

## 1. 为什么要改变

我们再一起回顾一下传统的招募流程。在这个流程中，首先我们会要求团队做什么？确定目标画像！你想招什么样的人，必须先撰写画像描述，甚至要细分到行业、职业，以及当下的行业状态等。然而，我想问各位：在现实中，你们的招募标准是否真的严格按照预先设定的画像来执行？是严格执行，还是只要遇到稍微松动的候选人，想要改变工作的人，就会不假思索地赶紧招募他？尽管画像描绘得十分清晰，但在实际操作中，画像标准往往被抛诸脑后，现实是否如此？这确实令人扎心！

我们暂时不详细讨论撰写画像描述的环节，继续回观流程：在确定目标画像后，下一步就是寻找目标对象，并设法获得与其面对面交流的机会，以挖掘其痛点。那么，我们如何挖掘痛点呢？通常是根据对方所在的行业，分析该行业存在痛点，或者根据对方当下的情况寻找痛点。但我要问各位，这些痛点是否都是我们主观判断出来的？找到痛点后接下来做什么？很多人认为是赶紧深挖并放大痛点，放大到什么程度？放大到让对方都觉得自己当前的工作难以为继，必须换工作为止！

放大完痛点后，我们给对方一个解决方案：加入保险行业能解决一切问题，时间自由，收入无上限，堪称零风险的创业模式。这便是传统招募流程的一个缩影。

这样的流程是否存在问题？它的首要问题是，对招募主体的能力要求极高。我们如何能够迅速且准确地找到痛点？我们是否具备 HR 背景？如果没有人力资源资质的背景，或者不具备心理学与社会学兼修的专家级身份，当一个人坐在我们面前，我们能否迅速且准确地识别出他的痛点？我们自己是否对此有信心？一些所谓的成功招募，实际上是自认为找到了对方的痛点，但对方并非因我们挖掘的痛点而加入，而是因为其内心的另一个未被我们发现和触发的痛点。

自 1996 年入行至今，我进行了超过千次的招募面谈。面对一个人，要迅速找到他真正的痛点，坦白说，根本做不到，即便找到了也多是误打误撞。因为只有当事人自己才清楚真正的痛点是什么，我们并未与对方共同生活，也未经历其事，如何能准确判断？因此，我们的判断往往带有模糊性和主观性。例如，我们可能会认为所有房地产行业的人都应转行做保险，因为他们的行业痛点显而易见！在 2023 年，我们还认为教培行业的人都应转行做保险；2024 年，又认为大厂中低层的人都应转行做保险，但事实并非如此。同样，时间不自由或许确实是对方的痛点，但遗憾的是，这一痛点并不构成重新择业的必要条件。因此，传统招募的流程和逻辑，其性价比极低，且非常耗时耗力。

当一个机构集中进行招募时，销售工作往往会受到挤压。因为传统的招募模式需要主动发起一对一的沟通，经过多轮面谈，最终才能说服少数人加入，这对能力、时间和精力提出了极高的要求。

那么，新招募模式应当如何改变？新招募应从单向的“我找你”转变为双向的“我找你的同时，你也在找我”。或许有人会质疑，保险行业何时有过主动求职者，毕竟这类人少之又少。然而，仔细思考后会发现，如今确实有越来越多的人主动选择加入保险行业。我们的转变应在于从“我能接触到的”转变为“能看到我、被我吸引的”！这是互联网思维的具体应用。互联网的特点在于其广泛的地域覆盖和快速的信息传播。过去，我们需要主动寻找招募对象；而现在，成功的关键在于我们提高信息发布的效果。如果信息发布得当，对方看到后自然会主动联系我们，这正是互联网的力量所在！但需注意的是，这并非从行商变为坐商，切勿走向极端。

## 2. 招募行为如何改变

根据新招募思维，我将新招募行为归纳为三部分：第一部分，**因我而知**，探讨如何提升被看见、被认知和被吸引的能力；第二部分，**因你而来**，阐述如何构建无压力、体验式的招募流程；第三部分，**如果是你，一定是我**，则是对 OMO 式招募的全面总结。具体的落地执行分别对应了以下三步。

**第一步是打造 IP。**

首先精准定位目标人群。明确招募对象特征（这与传统招募画像存在本质区别，前者是“我想要的”，后者是“我能得到的”）。同时，思考个人、团队及机构的 IP 形象定位。核心原则是：在追求理想人才的同时，必须充分关注对方的需求与期望，最终达成双方价值共识。

其次，根据目标人群特征，选择最有效的信息发布渠道和载体。关键在于确保传播内容与实际情况高度一致，避免出现“招募承诺与实际工作不符”的情况。

最后，确保言行一致。例如，招募时强调“时间自由”，入职后却要求早晨打卡、夕会打卡，还需参加各种会议和培训，导致比原先工作更繁忙；承诺“快速实现财富自由”，实际却难以实现。

“因我而知”的核心策略在于高频高幅的曝光。这与传统的点对点主动搜寻模式截然不同。新招募模式从点到面，首先通过高频高幅的曝光在潜在人群中引发广泛影响。即便没有视频号、抖音号、小红书或 B 站等自媒体平台，也能借助微信朋友圈展示个人 IP，同时也能展现团队乃至整个机构的 IP。若进一步拓展，甚至可以塑造并展示一个行业的新形象。

**第二步是 IP 展示。**

我们需要制定系统化的渠道展示策略。当前打造个人 IP 和信息传递的渠道极为丰富，线上包括抖音、小红书、视频号、朋友圈等，线下涵盖社群等。基于边际成本理论，IP 展示必须采用 OMO 全渠道模式，而非局限于单一平台，借助互联网的优势最大化展示效果。我们常看到一些高手将同一视频或内容发布至多个自媒体平台，正是因为每增加一个传播渠道所带来的边际成本极低。

早在 2021 年，我便鼓励团队成员积极“触网”，无论是招募还是销售，都应通过短视频、直播等自媒体形式，通过科技赋能。在内容输出方面，务必与 IP 打造相匹配，确保高品质内容的持续输出。

在互联网时代，流量在很大程度上决定了成败。在 2022 年的新招募思维训练营中，我以董宇辉为案例，与团队成员共同剖析了他流量激增背后的逻辑。

在打造个人 IP 的过程中，请务必找准定位，深入了解自媒体的属性、运营规则及使用技巧，同时还要融合基础营销思维。

我鼓励团队成员积极行动，不要只是观望。初期接触网络时，视频、直播、文案等可能略显粗糙，但这并无大碍，先付诸实践，再逐步调整和完善。如今，许多成员的自媒体运营已取得显著进步，再结合数字化理念，相信会带来丰厚的回报。

让更多人通过各种渠道看到你、了解你、喜欢你，从公域的发现、关注到私域的追随，这无疑是一个价值转化的美妙过程。

**第三步是差异化面谈。**

你的差异化体现在哪里？

一是打破对方的预判。当一个招募对象坐在你面前时，他可能会根据以往的经验或收集的信息来预判你会怎么讲。因此，你需要讲出差异化。还有，当前招募对象的数量减少、质量提升，这意味着竞争将愈发激烈。要想吸引优秀人才加入团队，就必须突出差异化，甚至展现稀缺性。

二是要深刻认识到，这是用户主权时代，决定权在用户手中。因此，要达成认知上的共识，避免出现“你讲你的专业，他听他的理解”，最后，一个讲得口干舌燥，一个听得迷迷糊糊。

三是视角的转换。尽管传统招募中也会提及从招募对象的视角看问题，但在实际操作中，往往仍以招募主体的视角进行陈述。

四是经营模式、现在的成就以及未来趋势的展示。这些内容在传统招募模式中也有涉及。这就验证了前面我说的，新的招募模式并非完全否定传统模式，而是在继承优秀经验基础上的创新优化。

## 传统招募模式和新招募模式的区别

虽然新旧招募模式不同，但二者并非完全割裂或对立。传统招募中的某些环节仍不可或缺，不能因为启用新招募模式就彻底抛弃传统模式。这种非此即彼的极端做法在理论上不可取，在实际操作中也难以真正实现。

传统招募模式以招募方为主导，通过识别目标人选，挖掘其需求痛点，深入分析并放大痛点，进而提供针对性解决方案及佐证，最终通过说服促使对方加入。这种模式的核心在于“说服”。

而新招募模式则从招募对象的视角出发，通过了解他们的喜好和对工作的需求，然后激发其改变意愿、强化加入动机，最终吸引对方主动加入。新招募模式更侧重于“吸引”。

然而，新招募模式也有不足之处，即初期需要花费较长时间。因此，当我们发现一些明显的、表明对方可能有加入意向的标志信息时，就需要适时运用传统招募模式中的一些方法来推动进程。也就是说，在实际操作中，我们要在“推”（传统模式的说服）和“拉”（新模式的吸引）之间找到一个平衡点。

对于新招募模式，我总结过一个观点：“因我而知，因你而来！如果是你，一定是我！”其中，“因我而知，因你而来”描述了从建立认知到主动加入的过程；“如果是你，一定是我”则作为判断标准，体现了双方匹配度的重要性。

如果将招募与销售理念结合，可以总结为：“因我而知，因你而选！如果是你，一定是我！”这里前半部分构成了行动的基础条件，后半部分则作为评估的核心标准。

若前期工作扎实，当目标人选考虑换工作时自然会优先选择你。而传统招募方式往往要求对方在特定时间点加入，否则便不再长期跟进。这样一来，很可能某天你会突然发现，原本看好的人才竟然加入了竞争对手的团队，甚至可能出现在你自己的团队中！

大约20年前，有位老师讲招募时曾说:“总有一天我会等到你！”这句话虽然很有情怀，但现实中很少有人能真正做到长期跟踪招募对象。毕竟大家的时间和精力都有限，而且招募工作往往有很强的时效性要求。传统招募模式通常为了满足公司发展的紧急需求，所以倾向于阶段性的集中招募。

过去，很多招募者喜欢通过比较来放大候选人的痛点，让他们觉得现在的工作有多不好。但实际上，你可能并不真正了解对方，你认为的痛点也许并不是他们真正关心的，或者不是促使他们转行的关键因素。我觉得，只有当事人自己才最清楚自己的短板、真实需求和底线在哪里。

新的招募思路更强调前期要把主动权交给对方，让他们自己去发现和感受相关信息，在这个过程中不断评估和培养自己的意愿，直到双方都感觉到合适，或者对方主动表达想要加入的意愿。

我的团队中不乏经长期观察后主动加入的成员。当然，这并不意味着招募者可以完全被动等待。在招募中后期，我们仍然需要采取有针对性的行动，最终促成双方成为寿险行业的合作伙伴。

前段时间，在一次关于“如何进行招募面谈”的同业交流中，有位老师强调，在面谈中必须让对方明白:“从事保险行业就是选择了一份大爱的行业。我们通过自己的努力，帮助了千万个家庭。

保险行业是一个神圣的行业。我们不是在做销售，不是在赚钱，而是在为千千万万个家庭排忧解难。我们的出现是每个家庭的福音，是幸福生活的缔造者和捍卫者。”这位老师的激昂陈词，引发了众多共鸣，大家一致认为这才是对保险的真正认知，是选择从事保险行业的价值所在！未来在面谈、培训、会议中，一定要大力强调保险的神圣意义！

我的发言是在最后，要不是要求每个人都必须发言，按照我的性格，大概会放弃。出于对规则的尊重，我说：“首先，我绝对不是反对大家对加入保险行业这件事，赋予神圣的意义。其次，我只是把自己在面谈中的一些想法汇报给大家，我可能会按照马斯洛需求理论来和对方达成共识。我会强调保险行业有周期的红利，所以付出和回报的性价比就会很高，会让你有机会追回你之前荒废的时间和少赚的财富。这个行业的属性，让你拥有巨大的发展空间，且主动权更多掌握在自己的手中……赚钱和意义并不矛盾，何必总是回避赚钱呢？”

我的发言让线上陷入一片寂静，不知大家是不屑于探讨，还是对我的“低俗”认知感到无可救药。既然无人回应，我便继续发言，因为距离规定的发言时间还有不少剩余。我接着说：“其实，社会上哪个合法行业，深挖下去没有一个神圣的意义呢？选择当农民，在‘民以食为天’的认知下，是否神圣？选择当快递小哥，为客户解决物流的最后几公里，让你足不出户，是否有意义？选择当娱乐主播，让生活中一地鸡毛的人还能拥有简单快乐，是否有价值？选择当环卫工人，让城市干净整洁，是否有奉献意义？我从不否认大爱，但讨厌用大爱来包装自己的小心思。真的大爱可能就是一个小小的善举。刻意的包装和生拉硬拽地上价值，其实是自我恐惧和弱点的伪装！见自己，见天地，见众生！我的建议是先解决自身问题，把自己捞出来，不给社会添麻烦，不做寄生虫，担当责任，履行义务，再去谈论拯救众生的课题，也为时不晚！”

结果如你所料，许多参会者对我是一片抨击，即使是沉默的几个人，我也感受到他们内心的失望。我没有反驳，只是说：“实在对不起，按照会议要求，每个人都必须发言，且要务实地说出自己的认知和实践行动。我认知不够，觉悟不高，这很正常，所以大家别激动，我也需要成长。”

会议结束后，我觉得自己在情绪管理方面有所成长，默默给自己点了个赞！

对于我们这份工作，我个人认为还是要结合职业和行业特点客观评估。这不是一个人人来了都能圆梦的行业。可能会有人说：“你说这是工作，格局就小了，狭隘了！这是一份事业、一份善举！”请别和我计较，我一时还上升不到这样的高度。

对于理想的工作，有人定义为：钱多、活少、离家近！但是这样的工作，你觉得容易找到吗？即使找到了，你能拥有吗？多年前，招募面谈中悄然增加了一个环节：晒工资。标准的招募培训中不会有这个内容，做这个动作的大咖，在分享时也大概率不会提及。“我前两年做得不太好，年收入也就 70 万左右，去年还可以，也就 100 多万，今年我想一定能突破 200 万吧！你看这是我的工资单！”这是一位行业大咖招募面谈的真实场景。最夸张的一次，她的招募对象跑到我这里求证：“她上个月真的赚到 200 万了吗？工资单是真的吗？”我回答：“是真的，但不代表每个月都是 200 万的收入，也不代表你入职之后就能和她一样。”

薪酬首先要满足基本生活需求，其次是要提升生活品质，最后还要兼顾精神层面的需求。那么，向招募对象展示你当前的生活状态，包括物质和精神层面的变化与层级，在招募过程中能发挥多大作用呢？如何让影响圈之中的人看到你在公司受到上司、同事、客户的喜爱，在社会上也被亲朋好友喜欢？如何让他们从你的状态、成长中感受到你激情四射、不断挑战更高目标的气势？如何让他们感受到你工作的氛围、模式是如此令人向往？

线上是吸引眼球，线下是场景体验。尊重事物规律，借助行业优势，找对方法，坚持做正确的事，招募其实并不难！

再次强调，新招募模式的核心是：线上融合线下，公域结合私域，内容搭载社交，流量导向留存。其实，传统招募也不完全是脱离线上或是完全依赖线下。就像个人 IP 和个人品牌，其本质是提醒我们充分利用互联网优势，在招募中最大化提升效率，同时充分发挥边际成本效应。

新招募模式在传统招募模式的基础上，更加关注招募对象的状态和需求，并融入了线上元素，打造了一个大开口、自动筛选的招募漏斗。借助全渠道的高频高幅曝光，激发海量潜在人群的欲望，引发多维度的波动，产生叠加效应和自我驱动效应。针对进入招募黄金期或已传递出明确信息的招募对象，需立即关注并启动招募面谈，吸引其入职并协助其良好发展，进而引发持续的招募动作。

2021 年，我所在的机构推出“筑巢引凤”的招募理念。我当时就思考了一个问题：什么是巢？什么是凤？各自的标准是什么？我很担心，自认为筑的是巢，实际却搭了个窝。我四处请教，但遗憾的是没有找到精准的解答，最后只能靠自己理解，摸索前行。

经过一年多的实践和总结，我虽然依然无法精准解析“筑巢引凤”的理念，但我知道自己搭建的大概率不是窝。至于是不是一个标准的巢，我也不敢确定。我把自己筑的这个巢解析为：以类阿米巴模式为经营雏形，以盖洛普管理模式为经营指导，打造超级个体，同时推动协同共生的类创业生态体。

在我的团队里，流量、边际成本、共情模式、数据思维、个人 IP、用户主权逐渐成为流行的通用语言，构建了一个和传统模式有明显差异的语境。我高度秉承“表面是结果，实际是过程；表面是目标，实际是流程”的原则，推动 OKR（目标与关键结果法）的经营模式。在发展中，我坚持高度关注团队的 3S 敬业度，3S 即乐于宣传（say）、乐意留任（stay）、全力付出（strive）。

## 新招募模式中需要掌握的技能

在我组织的新招募思维训练营中，除了要求团队掌握线上经营的一些技能和技巧外，在知识普及课程的内容里，我经常提到：招募过程是一次自我检视，更是一次自我对话和思维逻辑的梳理。你真的有梦想和清晰明确的目标吗？你究竟如何看待自己从事的工作？如何看待自己所在的团队？你在工作中是否具备了相应的技能？

恕我直言，有多少人在招募中努力演戏，虽然内心纠结，但为了未来利益和应对当下困境，只能先把真诚置于脑后。知行合一、思行合一、言行合一，是我对你的建议。

### 1. 招募面谈的常用知识点或内容

在新招募思维中，有些基础知识你一定要熟练掌握。除了“职业三叶草”“团队四象限”“定位布局”“职涯三阶段”“职场三大燃料”“传统三讲”，甚至还有“OKR”“盖洛普管理”等新知识，这些知识在回答招募对象的问题和呈现团队未来发展趋势时都会用到。以下是我根据过往经验分享的几个知识点。

**流量**是当下热词。无论是从公域流量到私域流量的转换，还是垂直化经营，流量对你的销售和招募都至关重要。但你要清楚，你的终点是私域流量的打造，流量密码也应指向私域。私域是相对于公域的概念，指无需付费、可随时多次直接触达用户的渠道，比如自媒体、用户群、微信号等，也就是KOC（关键意见消费者）可辐射到的圈层。

**用户思维**在招募面谈中谈及差异性时经常提及。虽然是老概念，但有新解析，直接指向现实中的差距和尴尬！同样，谈及差异性时，我还会聊聊数据思维、数字化等内容。

**高概念时代和六大能力**也是我在招募面谈中经常用到的，结合职场“三大燃料”的内容，来解答非同业招募对象对跨行的担忧。

**阿米巴经营模式**，就是以各团队为独立核心，自行制订计划，依靠全体成员的智慧和努力来完成目标。但作为分支机构，很难完全实现真正的“阿米巴经营模式”，我将所在团队的经营模式称为“类阿米巴模式”。

**社群经营**是回答招募对象关于主顾开拓的担忧时提到的。原来的XYZ理论已经无法解决现实的压力，数字化和社群渠道的加持，为招募对象提供了更多的选择和对未来的信心！

**团队介绍**是招募面谈中的重要内容之一。我通常介绍我的团队为“一个看似另类、尊重文化属性的团队”。

目标：帮助每个成员找到自己的坐标，实现梦想。

模式：以类阿米巴经营模式打造超级个体。

语言：幸福指数、状态指标、IP 打造、社群经营、用户思维、数据思维等。

案例：MSC 团队、三三制的虹豆、自由职业者的玲姐等。

总结：这是一个平台，根据你的需求匹配资源，找到同频的人，实现梦想，过你想要过的生活。

要熟练掌握的内容远不止这些。值得注意的是，这些内容不仅要在招募面谈中讲解清楚，更要在具体工作中落地执行，做到言行合一，不能说一套做一套。

在招募面谈中，我还常说：工作服务于你的生活，你想过什么样的生活，决定了你需要什么样的工作。职涯规划一定是基于人生规划的。也许你认为规划是最没有用的，认为它太宏观、太空洞、不接地气，不解决问题。我在 2023 年的年会演讲中主要讲的就是规划。面对意外、周期、趋势的不可逆，规划是解决一切问题的答案。规划能为你指明方向，安排节奏，保持内驱力。你是否曾静下心，深入探寻自己究竟想拥有怎样的人生？在招募面谈中，这个问题会激发很多招募对象的思考。和招募对象一起探讨职涯规划，甚至是人生的规划，不仅不突兀，反而能引发共鸣。

无论是在招募面谈还是日常的职涯规划面谈中，我发现太多人走在错误的职业道路上。回顾自己的过去，至少有两个阶段、将近十年，我也曾误入歧途。这十年的偏差是无法弥补的，即使我安慰自己："一切都是最好的安排！"但我也清楚，如果当初没有错过正确的路口，无论当下和未来，必然是另一番更好的景象。接受不完美的自己，也是我在这些年培养出的勇气。

我对很多年轻的招募对象说："如果你不同意我的观点，我非常理解。因为我年轻的时候，也听不进去长辈的建议。如今我知道自己当时的无知，就坚信自己有义务去告诉身边的年轻人，即使他们很可能不会相信我。"在当下苟且与诗和远方之间，你或许期盼远方，却屈服于苟且。人性本就关注短期回报多于长期回报，即使长期回报远大于短期。不用纠结，现在开始，一切都还来得及。关键是要学会从全局出发，看清自己的目标，然后倒推回来，找到实现目标的最佳路径。立足当下，一步一个脚印地向前走。

我认为，职涯的长短和个人选择的职业和行业有着很大关系。社会环境和个人过往经历的影响也客观存在。在招募面谈中，提及职涯规划，你必须要知道三件事：

①职涯三阶段：初入职场、价值创造、实现持续。

②必备的职场三大燃料：可迁徙的技能、有意义的经验和持久的关系。

③工作是生活的一部分：陪你走完整个职涯的只有你自己。

这三件事，你自己要清楚，也要和招募对象共同探讨。要想实现职涯规划，必须要做到三件事：

①学习职场数学：职业生涯的长度、精通一项技能需要的时间。

②盘点职场清单：梳理对你最有用处的技能、经验、关系。

③时刻更新职业生涯。

要思考，如何避免被AI取代？我能在哪里以什么方式找到工作？未来我将如何分配时间？我会把钱花光吗？工作如何能让我更幸福？

如果需要更具体，我建议你关注5个数字：职业生涯的长度、精通一项技能需要的时间、三四十岁之后个人财富获取比例、社交货币、职场的支持人数。

罗振宇先生有一年的跨年演讲，我认为是为保险行业站台。从基础保障到养老，从打工年龄危机到职涯各年龄段检视标准。简直是从销售到招募，替我们深入浅出地做了全面的推动。当时的我本想借机做几场大型事业说明会，蹭蹭热度！却因在团队中的影响力不足，这个想法以一票之差被否决了。这大抵跟我2021年4月讲的那场被认为是“太另类”的事业说明会有关。就在那一刻，我做了一个冲动的决定：在当前机构工作期间，坚决不再参与大型事业说明会发言，除非要离开。虽然有点小孩子气，但这是对自己负责的倔强。好在这并不影响我积极推动和组织大型事业说明会。

在新思维招募训练营里，我讲职涯规划，一是在招募面谈中会使用，二是帮助小伙伴们进行一次自我检视，坚定他们在寿险行业走下去的信心。职涯三阶段、职场三大燃料等内容，几乎会出现在我每一次的招募面谈中。

## 2. 将职业产品化，将招募农耕化

在一次会议上，我们的总裁蒋铭先生指出，我们在招募过程中存在诸多问题，比如总是讲不明白、说不清楚，缺乏清晰的框架和逻辑，导致招募对象听得一头雾水、晕头转向。要解决这些问题，其实可以借助生活中一个极为有效的工具——说明书。蒋总强调：我们要把职业进行产品化处理，为行业、赛道、公司、团队等精心撰写一份有效的说明书。如此一来，招募过程中遇到的难题便能迎刃而解。

我带着团队小伙伴们尝试着写了一份团队说明书，借此梳理了招募思路，发现的确非常有用。在说明书中，我们可以思考并明确以下关键问题：

我们作为新保险人的形象如何定义？

你如何能获得加入机会？

你需要投入的成本如何评估？

你将在这里获得什么？

你未来需要如何去工作？

我们未来会为你提供什么？

在实际的招募工作中，大致可分为两种模式。一种模式是受制于刚需节点，不得不按照指定的节奏推进。比如参与某个特定计划、应对基本法考核、追逐晋升目标等。在这种模式下，招募者常常陷入手忙脚乱、步履维艰的境地，难以从容应对招募工作。

而另一种模式则是遵循事物发展的内在规律，将招募模式农耕化，就是在恰当的时间做正确的事情，并且将正确的事情做到标准化，持之以恒地在每个周期内认真践行。这种模式本质上是长期主义的体现，经过一段时间或较长周期的积累后，往往能够实现厚积薄发。整个过程会让你感到从容不迫、轻松自在，最终取得的效果也令人满意。

无论是招募还是销售的农耕化，关键在于发现事物规律，并结合自身情况制定适合自己的工作模式。我认为，别人的方法即便有千套万套，都不如自己摸索出的一套方法实用。以规律和资源为基础，以自己的天赋和经验为核心，以招募对象为中心，打造适合自己的招募农耕模式，是一个非常不错的选择。

原来的招募模式某种程度上类似于狩猎模式，我并不反对狩猎模式，如果以农耕为基础，以狩猎为补充，招募工作将会如鱼得水。

挑水和修管道的故事已经很老了，却适用于多种场景。然而现实中，道理易懂，践行难。客观讲，现今的招募与以往的已有本质区别，不再单纯为了晋升、打造规模团队，甚至寄希望于“躺赚”。如今，招募的意义和理由已升级迭代，超级个体、协同共生、组织作业成为新的动力。我坚信，在销售和招募中，即便你挑水技艺高超，也必须及早修建管道，否则工作将变得效率低下、难度增加，性价比降低！

### 3. 新招募模式下的面谈实战

在人才招募的过程中，许多机构都建立了标准化的面谈流程与培训体系。我所在的机构也不例外，我们拥有一套结构清晰、内容丰富的招募体系，涵盖评估、吸引与决策三大环节，贯穿从场景搭建到话术设计的方方面面。然而，在实际操作中，我逐渐意识到，真正有效的面谈不应是机械的流程执行，而应是一场人与人之间真诚相遇、双向奔赴的对话。

近两年来，我逐步摸索出一套以“真诚、无压力”为核心的面谈模式。这一模式虽尚未体系化，逻辑上也仍有完善空间，却在实战中取得了显著的成效，招募成功率大幅提升。新招聘模式的核心在于，将面谈从传统的“我问你答”转变为“共同探讨”，让双方在平等、开放的交流中自然走向合作。

传统面谈中常出现这样的场景：招募者侃侃而谈，对方却云里雾里，最终双方疲惫收场，难以达成共识。为改变这样的局面，新招聘模式下，面谈格外注重节奏的把握与氛围的营造，借助视觉化工具、真实案例与视频素材，增强对方的沉浸感与信任度。面谈不再是一场审问，而成为一次彼此赋能、共同思考的契机。

我将整个面谈过程分为前、中、后三个阶段。面谈前，我们要做充分的准备工作，包括对招募对象基本信息的收集、面谈场景的精心布置、流程的反复预演，以及对马斯洛需求理论、职业三叶草、盖洛普优势识别等理论工具的熟练掌握。除此之外，我们还通过职场开放日、职业论坛等线下活动，为潜在伙伴提供轻松的了解机会，让他们在无压力的环境中自愿进入面谈环节，甚至有些人在活动后便直接选择加入。

面谈的核心逻辑，是从对方的真实需求出发，通过观察、倾听与共情，引导其自主做出职业选择。我常以一系列开放式问题作为主线，例如:“你对当前工作满意吗？”“如果重新选择，最看重的会是什么？”“你认为什么样的工作最适合当下的你？”等等。这些问题并非一成不变，而是随着对方的回应动态调整，始终围绕其真实状态与潜在动机展开。

在面谈的中段，我会引入“职业三叶草”工具，帮助对方从兴趣、能力与价值三个维度梳理职业现状，并进一步探讨行业周期、公司平台与团队文化对其未来发展的影响。我始终强调，没有完美的职业，只有更契合的选择。我们所在的行业虽处于成长期，红利显著，但并非人人皆可成功，只有找到与自身需求匹配的路径，才能真正发挥周期红利的价值。

团队介绍环节，我坚持真实、透明，绝不夸大其词。我们团队采用类阿米巴模式的合伙制机制，致力于打造“超级个体 + 协同共生”的组织生态。职场中没有传统的横幅口号和鸡血式动员，取而代之的是数字化屏幕与专注的工作氛围。我们强调“你的微笑比绩效更重要”，倡导在专业成长的同时，实现工作与生活的平衡。

为增强对方的直观感受，我常借助视频素材辅助讲解，包括团队日常工作状态、合伙制多元模式、数字化运营场景等。这些视频大多由团队成员自行拍摄，真实自然，往往能打破对方对保险行业的刻板印象，建立起更深层次的信任。

在面谈的尾声，我会以团队中真实合伙人的年度成长案例为例，展示如何从专业提升、公益行动、健康管理、家庭生活等多维度评估个人成就。同时，我也会详细介绍团队的“西点计划”，为对方勾勒出清晰的职涯发展路径：无论是顶尖销售还是精英团队方向，都可根据个人资源与天赋选择适合的版本——标准版、加速版或极速版。

最后，我始终提醒对方，也提醒自己：职涯的本质是服务于生活，决定人生的永远是自己真实的需求。面谈的终极目的，不是说服对方加入，而是共同判断彼此是否契合。因此，即使在对方表现出强烈意向时，我仍会建议他再次确认目标、路径与资源，确保这是理性与感性共同支持的决定。

这一切的背后，是我们坚持的价值观：先做人，后做事。我们拒绝以短期利益吸引人才，坚信只有价值观的共鸣，才能带来长期的陪伴与成长。而一场成功的面谈，正是这一切的起点——它不是终点，而是彼此奔赴的开始。

## 无压力体验式的招募活动

你有没有感觉到，如今在招募人才时，可能几句话之后，对方就知道你的目的了：你想要让我跟你一起干！一旦产生这种认知，对方很可能会开始产生防备心理。所以，聊新招募模式的时候，我们提到了无压力体验，先让对方走进来，让他自己看、自己感受、自己做决定，这远比我们强行拉拢更为有效。现在已经是用户主权时代了，招募也得紧跟形势。

如何做好这个流程呢？首先，第一步一定是先让他们走进来。通过什么方式和方法呢？以前靠事业说明会、面谈邀请、传统招募活动等。新招募模式在请进来的环节上一定要把无压力排在第一位。例如，我们可以举办开放日活动。

然后，我们通过开放日这种活动，配合职涯论坛，或者借助一些社群活动，包括开放职场等，为招募做铺垫。我们的职场是向全社会开放的，不是我们公司的小伙伴也可以来办公。这些目的都是让更多潜在的招募对象没有压力地走进我们的环境，让他们自己去感受。

我们来做个关于新招募模式的小总结。

首先，在新招募思维上，从传统模式的主动寻找为主，转变为新模式下的被动吸引为主；从以招募主体为中心，转变为以招募对象为中心；在招募周期上，从面向个体的短周期招募，转向面向群体的长周期招募；从阶段性刚性招募，转向常态化的习惯性招募。

然而，如果你执行的是特殊的聘才计划或晋升通道，面对具有时间节点的招募诉求，新招募模式将面临挑战。因为新招募模式的特点之一是初期阶段周期可能偏长，此时需结合传统招募与新招募的优势，综合运用。

其次，在招募行为上，从以线下为主，转变为线上线下相结合的 OMO 模式；从聚焦高频攻克，转向平时慢影响、黄金期速成。过去我们紧盯某个人，高频次地采取各种行动，希望在短期内将其招入，如同打攻坚战。而新招募模式则是慢慢影响，借助慢变量润物细无声，但在招募对象进入黄金期或主动询问公司及团队情况时，需果断出手，如同农耕至秋季收获。

从所见、所感、所知和选择上总结，即他喜欢你的状态，就是“因我而知”；然后他能体验你的场景；接着他了解了你的工作，最后他决定自己的选择。而我们以前都是要替对方做决定的。我觉得新的招募模式一定要把中心放到对方那里，把选择权交给对方。但是这里需要强调，不同模式，没有对错之分。反复强调新招募模式，并不是否定传统招募模式。如果用传统招募模式做得很好，不一定非要改变。最适合你、最有效的就是最好的。因此，不应纠结于对错，而应以有效性为检验标准。别人的千套万套，不如你自己的那一套。

# 新人培养的破局思维

## 1. 新人怪象

这些年，我一直坚持每周至少和 1～2 位行业新人进行交流，一方面是确保自己对新人的高度重视，另一方面也是在观察这个行业从业者的变化。我给自己定义的行业新人是按照时间单一维度来定义的，凡入行没满一年的小伙伴，我都认为是新人。

这里说点扎心的话：经过我这些年的观察，许多即使从业多年的老保险人与新人相比，除了对流程和制度略显熟悉外，在专业能力和绩效表现上几乎没有任何优势，或者优势微乎其微。这是一个非常不健康的现象，绝对值得机构和团队长们深刻反思！

在一次交流中，两位新人小伙伴引起了关注。一位是入职半年多的“新人王”，另一位即将满一年，每月坚持出单。然而，他们提出的问题和困惑竟然惊人一致：在工作中逐渐失去了方向，感到迷茫，干劲也越来越小。尽管公司不断推出各种激励方案，经理们关怀备至，胡萝卜加大棒策略轮番上阵，公司氛围和活动也一如既往地热烈，但他们却感到越来越累，几乎想要退出。相信这种现象并非个例，许多新人在刚入行时都信心满满，绩效等方面表现优异，甚至备受瞩目。但为何多数新人只是昙花一现，只有少数人能持续保持优秀呢？

让我们来看看新人们的入职背景。客观上，在招募时至少有三种背景的人进入行业：第一种是因能力、认知不足，甚至为人有问题，被原职业或行业淘汰的人（请注意，这里指的是被职业、行业淘汰，而非仅被某家公司淘汰）；第二种是发现自己不适合原职业或行业，主动选择离开的人，这与第一种人有明显区别；第三种则是原职业或行业无法满足其需求，寻求更好职业和行业发展的人。

首先，我们要看新人自身的内外条件是否适合销售职业；其次，才是是否适合保险行业。职业与行业的区分是很重要的，之前很多人并非不适合销售保险，而是不适合做销售，很多时候行业在替职业背锅。如果我们无法判断招募对象的背景，只能本着“赛马不相马”的原则，让他们在实践中检验。但我依然建议设定基础标准。

总结而言，有的人本身就不适合从事销售职业和保险行业，所以即使加入了这个赛道，被淘汰或者主动离开也是早晚的事，这是事物发展的自然规律，也是文化属性的体现。

最后，我要强调：不适合保险行业，并不意味着就不是人才。保险行业并非衡量人才的标准工具。而且，在保险行业成功的人，在入行前本身就已优秀，而不是这个行业让他们变得优秀。保险行业只是放大了他们的优秀，给了他们更大的回报而已。

为何许多新人开始表现得星光璀璨，之后却黯淡失色？首先，

“表现得星光璀璨”的标准是什么？新人一定要高绩效、高荣誉、高成长（“三高”），这是很多机构在经营中反复强调的，我曾经也认为这是对的，现在虽不认为是错的，但有了一些新想法。新人的“三高”表面看没有问题，但细究其标准和设计落点，就会发现基本都是围绕高绩效展开。即使那些“新人王”“新人新星”等荣誉，也基本跟成交的保费和件数相关。

多数机构也将新人的各种利益捆绑在业务绩效上，甚至要求新人带单上岗。这样的标准既代表了当下寿险营销的经营现状，也揭示了各机构发展疲态、遇困则衰的根本原因！坦言讲，至今我也未能完全摆脱这种新人经营模式，这也是我想探讨的创业与类创业的区别所在，创业、类创业、轻创业是完全不同的概念，这里就不细讲了。但我可以肯定地说：这种新人经营模式是病态的，是短视行为。正是这种模式导致许多新人无法持续健康成长。

你可能会问：难道机构的高管们、团队的经理们，都看不到、看不懂，不知道要调整吗？其实他们的压力也很大：一方面，自1992年代理制推行以来，粗放式经营一直占据主导地位；另一方面，从业人员对代理制的认知不足，加之市场成熟度不高，导致从业人员与机构之间难以形成紧密联系，归属感弱、黏合度低成为长期困扰团队发展的问题。因此，通过高绩效带来的高收入在物质层面，以及高荣誉在精神层面的双重激励，确实能暂时提升新人的留存率，甚至增强他们在行业中的信心。

其次，许多机构在培训和训练方面的投入不足，导致新人主要依靠自身努力成长，机构仅提供基础的培训和经营平台。多数机构的岗前培训不超过 5 天，所谓的衔训也多流于形式。将新人的成长完全寄托于推荐人、团队经理的赋能，风险极大。

由于寿险营销的基本法设计，团队经理的晋升主要依赖业绩和招募，在辅导和培训等经营管理方面缺乏硬性要求。即便某些公司推行师徒制，但师傅是否具备传道、授业、解惑的能力，仍存疑虑。值得一提的是，曾有两家外资（合资）公司，通过 21 天的岗前培训和 90 天严格的衔接训练，培养出了众多行业精英。

第三，上层认知不足，或因机构规模庞大、团队经营模式固化，导致很难进行改革。即使发现了问题，也很难调整，甚至刚提出的改革建议便被扼杀在摇篮中。2021 年，我曾经强行将 3 天的岗前培训延长至 21 天，并加入了大量的训练和通关来确保新人的技能提升。当时全公司只有一位小伙伴赞同，并大力支持我完成了课程设计。其他小伙伴虽然也在配合执行，但明显感到他们的不认可。团队长们则是极力反对，最后妥协为新人双轨制，可自由选择 3 天或 21 天培训。然而，一年后，即便效果显著，仍迫于压力调整为 10 天岗前培训，守住这一底线已属不易，效果可想而知。

现在，很多新人反馈，真正开始做业务时，才发现自己根本没准备好，也不具备谈业务的能力，只能靠乱拳打倒老师傅和“狗刨”模式来勉强应对。团队也本着“不管黑猫白猫，只要抓到耗子就是好猫”的原则，不看过程只看结果，拼命鼓励新人开单。新人初期的高绩效究竟是健康且可持续的，还是昙花一现的虚假繁荣，对其持续成长、发展，乃至成为行业佼佼者至关重要。优秀的新人通过天赋和努力持续前行，而那些需要机构和团队在前期充分赋能的小伙伴则大量脱落。至于那些怎么都不行的，只是一个阶段性的过客，属于上面所说的第一种人，就不予考虑了。

那如何解决这个问题？什么是好方法？近年来，我对好方法的定义和标准有了新的认识。我想说，好的方法一定是可以在当下环境中可行且有效的，虽然看起来很朴实，但它能切实解决问题。没有适宜的土壤，再好的种子也难发芽、开花、结果。不要执着于悬崖上的一棵松，屋顶上的一丛草，过度追求小样本的特殊现象，你会误入歧途。例如，曾有两家寿险公司效仿某合资公司，也投入巨资打造优才的“顾问渠道”，但最后皆草草谢幕。

## 2. 新人怪象的破解

这几年，很多寿险从业者都在寻求突破，希望自己在这一轮大变革中成为赢家，或者至少不被淘汰。许多人要求自己更加努力，更加勤奋，也激励周围的人要挺住，认为只要付出比过去再多一点，胜率就会变得更大。然而事实是残酷的，许多团队开始实质性地萎缩或停滞不前，这导致不少人开始质疑当前局势，甚至陷入迷茫的下坡期。实际上，核心问题正如我之前所提到的，当发展需要跃升至新层面时，仅靠状态的改变是徒劳的，升级或者改变模式才是解决问题的关键。因此，当前的困境并非单靠个人努力就能破解，而是需要借助新模式来实现突破。当然，努力在任何情况下都是不可或缺的。

新人的经营模式同样是破局的关键之一，因为这是从业者进入行业的起点，无论是对于职业和行业的认知，还是对学识、技能的掌握，以及工作习惯的养成，都极大影响着其未来发展。

关于新人怪象的破解，我必须强调，以下仅为个人观点，如有不当之处，敬请各位以应对头脑风暴的态度，海纳百川的胸怀，多多包涵！

我们需要深入探讨一个问题：所谓的新人高绩效究竟从何而来？在绩效管理中，我们清楚知道，绩效来自成交，而成交基本取决于意愿、客户、技能和活动量。也就是说，你想做这件事，你有足够的客户，具备一定的技能，并且付诸实践，活动量也足够，那么大概率你就会有成交，有业绩。那么，新人产生的业绩主要是依靠以上的哪些因素呢？这些因素发挥作用的比例又是如何分配的呢？

首先，新人既然上岗了，即使意愿不强，至少是接受了这份工作。其次，在客户方面，起始阶段多数新人只能依靠缘故市场，当然，新时代下，转介绍和半熟人市场也可以辅助，但难度比较大。不过，新人在初始期并不会缺少准客户，特别是部分公司在上岗前还要求新人先完成 P200（指列出 200 个潜在客户名单），甚至是 P800（指列出 800 个潜在客户名单）。在前期各种鼓励下，新人也大概率愿意去见一些准客户。

最后，我们发现，纠结点或难点在于技能方面。技能可分为两部分：一是行业领域的专属知识，涵盖必须熟练掌握、需要了解和涉及三个层面；二是职业领域的销售服务技能，或称客户经营技能，这部分虽可跨界相通，但仍受行业属性影响。新人岗前培训从 3 天到 21 天不等，但新人在上岗那一刻，或面对客户时，是否已具备足够专业技能？我认为大概率不具备。

进入一个行业陌生，甚至职业也陌生的赛道，在如此短的时间内就能驾驭足够的专业技能，要么是天才，要么是这个行业是一个专业诉求极低的行业。保险行业属于金融行业，是长期布局的财务风险管理行业。你认为这样一个行业的专业门槛会很低吗？从基础知识的掌握到为客户设计合理专业的解决方案，这些问题岂是几天就能解决的？有人认为，初期成交简单的健康险对专业要求不高，但我认为其对综合性专业要求更高。因此，我断言：新人的高绩效要么来自家庭保单，要么靠过往社交价值换取，绝非主要依赖专业技能服务。

那么，新人的起始经营或规划该如何进行？新人该如何赋能？首先，假设新人的初级职涯规划和模式界定已完成，现在探讨的是新人在初始阶段的赋能和经营问题。

我认为，新人初始阶段至少应为180天，也就是入职后的半年，如果条件允许，甚至可延长至一年。这180天里，新人的首要任务是向社交圈正式介绍自己的工作（即"官宣"），第二是知识学习和技能训练，第三是工作模式建立，第四才是绩效追踪。因此，在招募面谈中，我常问对方："如果半年内收入偏低，你能接受吗？"当然，需告知可能导致低收入的原因，并确保对方对过渡期后的回报满意且可期。

关于新人的官宣，至少要从三个部分来进行：

官宣的渠道：必须是OMO，不是简单发个朋友圈就算官宣了。线上可以借助朋友圈、微信私聊、视频号等各种自媒体，线下可以通过一对一拜访，各种聚会等。

官宣的周期：半年内是新人官宣期，也是个人IP打造的原始期，后期的各种官宣会跟随你的终身职涯。

官宣的内容：至少包含赛道的转换、专业的学习、未来的规划等。不同场合的官宣内容和形式，甚至流程也要有区分。

官宣要从赛道转换到专业学习，再到经验的积累及出色表现，具备让周围的人选择你的条件。即使线上经营，也要进行匹配式设计，但部分线上领域并不完全适合上面的官宣流程和内容。

关于新人知识学习和训练，建议将应知学习周期拉长至180天，按规划进行阶段性重点学习，采取螺旋式上升，而非填鸭式。培训一定要匹配训练，理论结合实际，大量RP（角色扮演）能让新人融会贯通，形成肌肉记忆。180天的学习和训练，能具备相对基础的专业水平，我认为已经可以了。

在检验新人是否具备基本专业水平时，我的第一关就是让他们给自己的家庭做财务风险评估和保险解决方案的设计，甚至还会问他们什么时候会把自己的家庭财务风险解决掉。当然，这和很多机构鼓励新人买自保件冲业绩完全是两码事，因为出发点就不一样。我认为，一个新人连自己家的规划都讲不明白，那怎么可能给客户提供专业的服务呢？一个新人连自己家的保险配置都不关注，那在面对客户时，他一定是心虚的，因为他自己还没有完成对保险的认知和认可。当然，新人把自己家的财务风险讲清楚，在解决方案上，无论是什么原因，最后选择风险自留，我是完全可以接受的。

关于工作模式的建立，新人刚入行时是打基础和养成好习惯的最佳时机。设计适合的经营模式并刻意陪跑养成，对新人的未来发展大有帮助，甚至能确保其不脱落，或者最大限度地延长其寿险职涯。设计经营模式可结合合伙制内容和盖洛普管理等理论。

最后，关于新人绩效追踪，我的建议是过程大于结果，不要以绩效结果为唯一标准。过程的健康性和可复制性最重要，纠正不规范动作，引导系统化经营才是正确选择。

如果你要问，新人以这种速度发展，遇到重要客户怎么办？请参考我之前讲的合伙制、合伙人及事务所运营模式的内容。在新人赋能和经营上，我认为“慢即是快，快即是慢”！作为团队对新人的重视，让新人在高绩效、高荣誉、高成长的氛围内快速发展是值得肯定的，多投入也是应该的，但我觉得投入的落点不仅是业务绩效，更要落在新人的成长上。例如，新人通过了一些专业的认证，新人和客户签署了多少个陪伴计划，新人获得了多少个托管服务。

我曾服务的一家机构，据说作为股东的外资寿险公司是这样培养新人的：面试合格且通过培训后，第一年只允许服务老客户的保全等项目，年末测评通过后，在第二年才可以继续服务老客户，可接老客户的加保业务，年末测评通过后，第三年可以为新客户服务。这家公司在那个时期是全球金融排名第一的公司，被当地人称为“保险业的贵族”。2012 年，我在这家公司任职时，公司楼下有一家高档的咖啡厅，不允许任何保险公司的人在里面谈客户、谈招募，唯独我们团队可以。因为店长是从上面那家股东公司所在地回来的，对该公司的服务赞誉有加，可以算是铁粉。

再看寿险行业顶级大佬梅第爷爷，初入行时也非业绩显著，甚至一度想辞职，但最终坚持下来。保险行业更适合长期主义者，是厚积薄发的行业。

新人话题暂且至此，再次重申，以上言论仅代表个人观点，是我自己的实践总结。

# 第六章

# 做个惬意的 Manager

## 惬意的标准是什么

我们简单探讨如何经营团队，成为一位惬意的 Manager（这里我指的是经营者，而非管理者），而非焦头烂额的 Manager。我就以自己 2022 年的主管季度培训的内容为基础，与大家简单聊聊。当时正值重疾新规之后，许多团队长在经营上出现了各种困扰和问题。加上我所在团队的发展轨迹较为特殊，经营的压力就格外大一些。

从 2023 年下半年到 2024 年的一季度，许多同业的团队长纷纷表示压力很大，仿佛突然不会经营了。2022 年时，我对合伙制等理念尚未理解透彻，思维还处于新老交替的阶段。在培训的内容中，你既能看到传统思维的痕迹，也能感受到变革带来的成长动力。

许多小伙伴都希望成为惬意的 Manager，但细问之下，发现他们心目中并无具体的定义和标准。没有明确的目标，如何能努力实现愿望呢？答案是：只能靠运气！通过一些调研，我借助状态四象限和职业三叶草模型，来为惬意的 Manager 做一个初步的定义或标准设定。

当然，每个人的诉求不同，可以根据自己的诉求来制定标准。在状态四象限中，首先要明确的是自己的职涯规划。我发现许多小伙伴对于当前职业、行业、公司及岗位的任期、发展目标、理想工作状态，以及离职触发条件等问题，都没有一个清晰的答案。严格来说，这反映了“干一天算一天”的心态，这是非常可怕的。规划好自己的职涯，找到并扎根于自己的头部领域，至关重要。

其次，我一直关注的指标是收入。我始终以马斯洛需求理论来指引自己的思考和行为。稳定的、持续的收入，是确保一个团队长有信心持续经营的基础。我当时根据所在城市的现状，设定了年收入不能低于 40 万元的标准，包含了自我销售和经营所得。遗憾的是，至今仍有许多小伙伴未达到这个标准。

再者是工作模式，我们是代理制、合伙制，甚至可以说是类创业模式。与小伙伴们探讨后，大家普遍接受每天 9 点上班、晚上 6 点前结束工作、每周工作 5 天的模式，尤其在确保一定收入的前提下，颇为理想。但对于需进行直播的小伙伴，时间则更具弹性。

最后是当下的状态。这几年我一直在强调，团队的经营中，小伙伴的状态最重要。这也是我反复研究盖洛普 Q12 分析法和 3S 敬业度的原因，我平时用一个指标来衡量小伙伴们的状态：每天能否保持微笑。我所在团队的墙上挂着经营宗旨，其中之一就是：你的微笑比你的绩效更重要！

惬意的 Manager 一定是站在兴趣（喜好）、价值、能力的交汇区。在此区域内，你基本能得偿所愿（当然，别有过分的痴心妄想），且乐此不疲地工作着，甚至没有任何压力，因为你的能力足以驾驭。避免陷入职业三叶草模型中的厌倦、失落、焦虑三重陷阱，基本可视为成功走出。欲成惬意的Manager，务必先明确其定义与标准！

## 你对自己的现状满意吗

在确认惬意的标准后，我接着又向大家提出了三个问题：

如果不满意，哪里不满意？为什么会这样？发生了什么？

这三个问题如一石激起千层浪，团队长们纷纷发言，大吐苦水：现在的团队长真是前后受气，上下夹击，举步维艰！最后，团队经营就快被说成不是人能干的事了。其实，大家吐槽的内容究其根源，无非是内外部环境的变化和自身发展轨迹所引发的各种问题。总结起来，主要就是C端和B端的变化，引发了A端的连锁反应。

而且大家吐槽的问题，并非是一天两天形成的，机构也一直在探寻解决方案。其实，在那个时间节点上，许多优秀的团队长依然做得风生水起。我所在的机构几乎邀请了所有当时系统内比较活跃的大咖来做分享和培训，总部也组织了郑博士的系统课学习。

然而，为何总是老思路新包装，无法从根本上、系统性地解决问题呢？培训时大家热血沸腾，笔记写满，屏幕拍照，但回到工作中，三分钟热度很快就被任何一个小困难击溃。笔记被束之高阁，照片也尘封于相册，然后继续抱怨，继续郁闷，直到下一次的分享和培训，如此循环往复。不知道你或身边的小伙伴是否也有同样的经历？知行合一，知而不行，行而不果，问题依旧。我们不能总是满足于听听而已，而不愿在执行上狠下功夫。

其实，接下来我与大家聊的内容并无神奇妙招，大多还是一些耳熟能详的理论，即便我们再次梳理一遍，最后还是要看你能否落实到实践中，并能坚持做虽难但正确的事。

随着市场的变迁和行业的发展，特别是在 2021 年以后，规模化、粗放式经营的模式逐渐难以为继。大规模的团队也很难再出现了，取而代之的是更多精英型团队，即规模虽小但人才密度高、绩效高的团队。这种精英型的团队对管理模式也提出了更高的要求，老模式已难以满足新型团队的需求，甚至可能引发冲突。一些老团队长不禁感叹：时代变了，人心散了，团队不好带了！因此，今天我们就从如何经营一个精英型团队的话题谈起。

思考如何经营一个精英型团队，首先得知道如何组建一个精英型的团队，在招募或调整团队之前，需思考以下问题：你是否绘制出了理想团队的样子？你是否清楚自己需要做什么？谁可能是你的团队成员？他们都在哪里？如何开启你的招募之旅？

如果你已经有一个成形的团队了，那么请先检视一下团队的现状，包括你和团队成员们的各自现状以及你们之间的关系现状。我个人认为关系是最重要的，这也是很多小伙伴容易忽略的地方。

首先检视自己的状态，许多小伙伴在抱怨时都聚焦在机构和团队成员身上，很难内观自己：

自己是不是一个好的教练？

自己是不是在执行微观管理？

自己是否高度重视成员的健康和成效？

自己是否注重产出，坚持绩效主义？

自己是不是团队的倾听者，积极与成员沟通？

自己是否定期帮助成员进行职业规划？

自己是否为团队制定了清晰的前景和战略？

自己是否拥有了专业的技术和知识，能为成员提供建议？

自己是否为成员提供了必要且高效的工作资源？

客观评估一下自己做得如何。很多时候，冲突的源头其实在我们自己身上。

其次，按照以价值观和绩效为轴线，将团队成员分为四个象限，然后再思考如何处理和每个象限里团队成员的关系。这里插一句，在 2023 年我跑通合伙制模式后，我发现即使在同一个象限的团队成员，其关系处理的方式和尺度也是不同的。

简单从四个象限分析了团队成员的状态，我觉得还不够具体，因此再从六层执行金字塔结构进行深一步分析。毕竟，团队成员的实际行为或执行力（严格来说是领导力的映射）能够更充分地反映团队成员的认知和状态。

**执行六层金字塔的底层是服从层**。这一层级的成员唯命是听，不质疑、不纠结，表面上展现出极高的执行力。寿险团队常倡导的“听话、照做！”理念，正是这一层面的典型体现。

**第二层为努力层**。若团队成员既听话又勤奋，甚至无需激励便能自发奋进，这类成员通常是团队领导者最为青睐的类型。许多依赖单一勤奋、类似“小蜜蜂”式的成员，往往止步于此。然而，他们却逐渐被边缘化，甚至淡出团队视野，有时其结局与底层成员同样令人惋惜。

**第三层是技能层**。关于专业技能至关重要的呼声，我记不清在寿险行业里喊了多少年。然而，就我个人观察，B 端对专业技能的重视程度始终不足，未能从根本上认识到其重要性，至于后期的培养体系，更是显得力不从心。不客气地讲，我个人认为很多寿险行业精英的成功，凭借的是过往的优秀业绩和保险平台的机制，而非机构对其专业技能的提升。专业技能弱现在也是我所在团队面临的一大难题。

**第四层是主动层**。走到第四层的人数已锐减，幸运的是，一方面，许多机构或团队高度重视督导、追踪及氛围营造等营销手段，通过强有力的他律来带动节奏；另一方面，不少团队成员已适应这种状态。然而，若真正将主动权和选择权交到他们手中，即便是过往表现出色的成员也可能出现迷茫、不适的情况。从他律到自律，从被动到主动，这基本达到了多数团队领导者所期望的层面。

**第五层是创造力层**。达到这一层的人，要么正在积极分享经验，要么开始打造自己的第二曲线，鲜少有人能继续低调地做一个单纯的攀登者。许多优秀的成员在这一层从攀登者蜕变为扎营者。当然，仍有部分成员凭借自身创造力，不断挑战新目标，但就当前现状而言，坦白地说，这类人几乎是凤毛麟角。

**第六层是热情层**。这也是最容易被假象迷惑的一层。真正的热情源自内心，是对职业、行业的深刻认可，对自己事业的炽热追求，甚至是一种偏执的坚持。我见过太多所谓的“热情”，如 IP 式的热情、被迫的热情等。源自情怀的纯粹热情，在当下实属罕见，请原谅我的直白和武断，甚至是偏执。

你的团队成员目前处于执行六层金字塔的哪个层面？你打算如何引导、助力他们快速成长，共同成就一番事业？这值得你深思！毕竟，再好的思想、理论、知识，若缺乏执行，没有结果，终究都是空谈。

接下来，我们一起检视最为重要的关系现状，你需要思考如下问题，并且要深刻地思考，从内心对自己发问：

如何定义彼此的关系，是上下级还是其他？

好的关系是什么样子的？

坏的关系是什么样子的？

如何客观科学地检视彼此的关系？

如何建立一个处于黄金平衡点的关系？

我个人认为，这些问题并没有标准答案，它们因人而异，因场景而异。特别是在我成功推行合伙人制和事务所模式之后，我更加坚定地认为，这些答案实际上需要团队自我探寻。环境对团队经营的影响是不可避免的。作为团队长，必须具备审时度势的能力，重视内外部环境的变化，切忌闭门造车，甚至刚愎自用。何时应逆流而上，何时应顺势而为，做出性价比最高的选择，服务于长远的规划，对标当下，锁定终极目标，这才是经营的基石。因此，作为团队长，要经常自我反思：

我们的外部环境是什么样子？

这样的外部环境对我们的影响是什么？

我们的内部环境是什么样子？

这样的内部环境对我们的影响是什么？

如何正确看待环境因素？

既要保持团队的独立经营，又要确保团队始终处于相对最佳状态，避免置身于危险境地。成为一名精英型团队的领导者，甚至成为引领者，绝非易事。

基于上述内容，你可以开始审视自己和团队的状态及存在的问题。建议你拿出一张纸，将自己和团队存在的问题按严重性排序并逐一列出，然后邀请核心团队成员也进行同样的操作，再将大家的意见放在一起比对和汇总。通过这一过程，探讨共识是什么，差异在哪里，原因何在，真相又是怎样的。

## 我们该如何改变呢

之前的内容多次强调内省和外观问题。为什么要反复深思诸多问题呢？这是因为很多时候，你很难发现问题的本源，即我常说的QBQ（问题背后的问题）。若不从根本上解决问题，而总是停留在表象上折腾，你就面临无穷无尽的问题，直至彻底放弃或者随波逐流，说难听一点，就是破罐子破摔了。

“一生二，二生三，三生万物。”若我们追求在万物层面解决问题，其难度可想而知。不过，我也客观承认，从根本上去挖掘和解决问题确实令人煎熬，而且需要一定的能力。那么，是选择图一时的安逸，还是追求一劳永逸，这个选择权就在于你。你种的什么因，就会收获什么果，道理简单，但实践起来颇为磨人！

那么，你究竟该怎么做？又该做些什么？根据过往的经验及“一切皆可方法论”的思维，我为你提供一个仅代表我个人能力和认知的小方法、流程，抑或算是个小模型。

首先，你要明确团队的目标，或者说要按照SMART原则设定团队目标。许多团队长在被我问及团队的目标、愿景或未来理想状态时，往往语焉不详。因此，明确目标是第一步，也是所有行动的源头和基石。

其次，你要客观审视团队的现状，根据之前我提供的建议和工具，从内外部环境及团队状态等维度，对团队的现状进行客观、科学的认知和判断。什么是最好的方法和模式，最适合、最有效的方法、模式就是最好的。脱离具体环境和场景等影响因素，凭空讨论的方法或模式，很难界定其好坏。

然后，基于团队现状，结合未来的目标，找到一条可行的路径。在此环节，许多团队出现了严重的失误，这也是很多团队无法进入螺旋上升通道的原因。一方面，路径在理论上必须行得通；另一方面，它必须能够落地执行，二者缺一不可。

最后，你要按照规划执行你的计划，并确保长期坚持。要立长志，而不是常立志。通往成功的路需要砥砺前行，而非一路鲜衣怒马，顺风顺水。要根据团队发展的实际情况，对执行的计划、使用的方法、工具等做出与时俱进的调整，确保团队始终在一条正确的道路上高效发展。简单总结一下，即我之前常说的“看过去（指向前看未来，看愿景，确认目标）、导回来（以结果为导向，从终点设计回归原点）、做当下（根据当下实际情况，落地执行）、强坚持（长期主义，做难而正确的事）”。

在所有工作中，作为团队长，你的言行对团队成员的行为和绩效具有极大影响。特别是在未来的高精英型团队里，做好自己至关重要。如何做好自己，什么样的团队长才是合格的，其实在前面的内容中已有答案。

如果你和我一样，已经拥有了一个参差不齐的团队，那么你可以和我一样进行分层经营。2023年初，我将团队分为四个层级：

**最外层的边缘成员**：在合规的前提下，往往被忽视，甚至在未来可能需要主动淘汰的群体。

**交易型成员**：拥有一定业务量，享受基础服务。他们既不主动也不积极，但也不会对公司造成负面影响。

**可被影响的成员**：尽管目前对团队的变革和发展模式持保留态度，但并不反对，处于观望状态。在绩效方面，他们表现良好，只是其模式和认知暂时与团队不完全契合，难以实现高度统一。

**最里面的核心成员**：认同团队的模式，积极参与团队经营，具备较强的团队归属感和荣誉感，且绩效表现卓越，是思想上认同、能力上匹配的高质量群体。

在2023年中，我在原有四层的基础上，新增了一层：核心资产层，即那些愿意与团队共同成长、目标一致且具备主人翁精神的成员。若以盖洛普管理模型为标准，这类人群的3S敬业度已达到最高层次。

回顾过往，我观察到许多团队领导者倾向于以家庭氛围来经营团队，常喊出“我们都是兄弟姐妹，我们是一家人”等口号，并频繁组织职场聚餐、包饺子等活动，以此营造家的氛围，增强团队成员的归属感和团队的凝聚力。然而，我个人认为，这种做法实际上反映了行业及寿险代理制模式信心的不足。若基础工作扎实，这些活动作为锦上添花之举尚可接受；但若将其视为团队经营的重点或基调，那么团队未来的发展恐怕将面临危机。

因此，我建议工作中的团队应采用管理球队的思维来进行经营。家庭是讲求爱与情感的地方，更多体现为包容甚至妥协：无论成员犯错，或是能力弱小、无能，家庭都会承担一切后果，坚持不放弃、不抛弃，正所谓“家和万事兴”。然而，若以这种思维和逻辑来经营团队，就必须接受低绩效且随时可能解散的团队状态。相比之下，球队式管理的经营模式则要求成员拥有共同的具象目标，明确的分工，责任担当，以及必要的淘汰机制，包容亦在合理界限内存在。

那么，如何实现既有温度又能保障绩效的团队管理呢？我建议你深入了解一下 OKR 管理模式，将被动转化为主动，让指标压力转变为愿景驱动力。

谈及至此，不妨简要归纳一下精英型团队管理的三步策略：

①赋予成员充分的安全感；

②促使成员发挥最大潜能；

③帮助成员维持在各自领域的领先地位。

在这里，我想重点探讨如何提升团队成员的安全感。让成员拥有安全感，意味着他们既能展现个人独特风格，又能积极参与团队协作。团队领导者应定期与成员进行 1 on 1 面谈（一对一面谈），默认对方的初衷是积极的，妥善处理抱怨，并用心让成员感到愉悦。通过共同规划成员的职业发展路径，达成对团队目标的共识。为成员提供实现目标所需的必要资源，并营造一个良好的工作环境和氛围。此外，还需多维度关注成员的健康及其他状态。

其中，关于 1 on 1 面谈的方法，我为你提供以下建议。首先，在之前的面谈中，你务必与团队成员进行以下内容的交流：

①你希望从工作中获得哪些成果？

②这些成果为何对你至关重要？

③你认为怎样的工作表现才算成功？

④你最大的优势是什么？

⑤你目前需要哪些方面的支持？

随后，进入 1on1 面谈环节。上述内容不仅适用于入职面谈、年度规划面谈等场景，还适用于阶段性评估。

每次 1on1 面谈需遵循两大原则。首先是 4A 原则：Aim to assist，旨在提供帮助；Actionable，反馈需具备可行性；Appreciate，表达感激与赞赏；Accept or discard，接受或拒绝。其次是非暴力沟通原则：侧重观察而非评论；强调感受而非想法；明确表达需求；提出具体请求。

关于小而美的精英型团队的经营和管理，我简单分享至此。值得一提的是，我所设计的律师事务所模式的团队经营及管理模式在一年后，其结构、逻辑以及经营模式等方面，均迎来了新的变革与优化。

## 那些郁闷的团队长和组训们（偶感）

本文主要探讨当前团队领导者或组训在输出观点时，常遭遇挑战，且团队更倾向于聆听一线成员分享的现象。

关于自证所言非虚的困扰，一直折磨着我！我经常从早上 9 点忙碌到晚上 11 点，仅中午小憩 20 分钟，便持续不断地输出各种实战内容。这种高强度的输出，不仅是自我成长的捷径，也是契约精神下的职业操守，更是自我价值的塑造和对利他主义的恪守。

在大多数正式场合发言前，我通常会先进行一番自嘲或解释。例如，在分享自媒体运营经验时，我会强调："我并非大 V，没有几百万上千万粉丝，甚至几十万粉丝也没有，并不擅长做自媒体。我讲的关于视频类自媒体运营内容，是基于营销的基本逻辑进行解析，讲的是销售或营销思维。如果您认为只有那些大 V 或有足够粉丝基础的账号运营者，才有资格与您探讨自媒体运营并提供建议，那么我建议您不必继续听下去。毕竟，我确实无法做到每件事都亲力亲为，且必须在自己取得极致成果后，才能向您提出建议。我就是三个臭皮匠之一，并非诸葛亮。"

一路走来，尤其是在近几年对团队经营新模式的不断探索中，我已逐渐习惯面对各种不认同与反对。即便遭遇嘲笑、谩骂，我也能迅速自我消化，调整心态，轻装上阵，继续砥砺前行。然而，要做到心如止水却并非易事。针对团队长们所面临的种种困扰，我想分享一下自己的真实经历，希望能为团队长和组训们提供一点启示：不要过分纠结于他人的否定，更不必奢望所有人都对你深信不疑！

事情起因于我所在的机构投入巨额资金和大量人力、物力，开展了一个数字化获客项目。为了帮助团队成员抓住这一机遇，借势而为，乘势而上，我认真聆听了约 100 段实战录音，其中最长达 3 小时；并与团队成员面对面解析了近 40 个实战案例；此外，我还访谈了项目内的十几位同事，并向系统内及行业内在此项目或类似项目中取得成果的高手请教。最终，结合自己 20 多年的销售经验，我夜以继日地为团队制定了一份极具实操性的项目建议。

然而，当我满怀信心地期待成果时，却意外发现大多数团队成员仍在沿用原来性价比极低的模式。对此，我深感诧异，于是进行了侧面的小范围调研。结果发现，团队中有一部分人在听取我的建议后，四处游说："别听老隋的，没用！他又没亲自做过，就算他亲自操作，也得等他做出成绩后，再相信他的建议也不迟。我们还是继续按原来的方式做，虽然效率低，但毕竟还是有结果的。"首先，必须承认，这些人具有一定的影响力；其次，新模式在初期使用时确实不够顺畅，精细度也的确有待提升。然而，看到许多团队成员放着经过我辛苦总结且验证有效的新模式不用，仍在旧模式中低效地苦苦挣扎，我感到既心疼又气愤。

然而，令人遗憾的是，每个团队中难免会存在这样的人。更何况，我所讲述的内容并非金科玉律，缺乏足够的权威性。在"只有你做到了，你才有资格讲"的理论面前，我深感无奈。于是，有人提议："你可以去证明啊！"事实上，我确实曾采取过这种方法。早在 2012 年，我便与团队成员对赌，每日成交一单，连续两周不间断，以此验证我所倡导的个人品牌效应对成交的实际价值。如今回想，用这种方式来证明自己的赋能效果，未免显得有些低级，甚至令人感到悲哀。

在 2022 至 2024 年的三年间，我亲自参与高客洽谈和招募工作，通过成交件数、保费收入、上岗人数及质量、客户反馈等多维度数据，验证了我所倡导的高客经营第二视角和新招募模式的正确性与实效性。最长周期内，我凭借 13 年的实战经验与当前高效的时间管理成效，证实了周单元经营模式的高效性（在此特别感谢 2011 年牛勇总提供的时间管理工具，我沿用至今，受益匪浅）。然而，结果并未完全达到预期，不接受者依然坚持己见，并提出新的拒绝理由与要求；而愿意尝试者则依旧乐于接纳。由此可见，通过事事亲力亲为来证明观点的正确性，并非明智之策。这犹如逼迫诸葛亮亲临战场、身先士卒，以银枪怒马斩敌于马下，方能证明其在帐中策略的正确性。

因此，各位团队长和组训们，请不要因他人的否定而纠结，更不必奢望所有人都信任你。然而，这并不代表你可以马虎、草率、不负责任地发表言论。在追求一手知识、掌握底层逻辑以及选择呈现方式的过程中，我们仍需认真对待，持续学习和成长，真正为团队赋能！请坚定地去做那些正确但艰难的事情，秉持长期主义理念！请相信，时间终将给予你公正的回报！同时，也不要回避当下的困境，生存才是所有努力的基础。

# 第七章

# 一个“俗气”的训练营

## 成立“搞定收入”训练营的背景

我将分享一个另类的训练营经营案例。自 2023 年做完招募训练营后，我就表示再也不做训练营了，因为实在太累了，且效果往往达不到自己的期望值，感觉性价比很低。当然，这与我所在团队的特殊性以及我对最佳赋能方式的纠结有很大关系。对的事若未出现在对的时间、对的地方，也许就是错的！

这两年，快速更新的监管政策和小周期的产品迭代，以及极具乌卡时代（VUCA）特性的市场动态，让很多从业的小伙伴痛并快乐着。一方面，动荡和巨变让大家有些迷茫，另一方面，大家又享受着动荡带来的脉冲式高绩效。对于我们这个正努力转型、回归本源的团队来说，无疑是屋漏偏逢连夜雨，雪上加霜。连续的短周期产品调整，将我们辛辛苦苦搭建的基础经营冲击得千疮百孔。一些反对的声音也借此机会再次大张挞伐。

即便我很清楚团队的变革进程，在进入对抗期时，这种现象是正常的，但依然感到身心俱疲。好在，每当我打算放弃时，团队中那一张张笑脸和渴望的眼神，总能点燃我的激情。“搞定收入”这个听起来目的性很强的训练营，是依据我一直秉承的团队经营理念——赚钱与意义并行，再结合马斯洛需求理论及我们团队的实际情况发起的。

这个训练营的表面目标是解决小伙伴们收入不高的问题，而其深层目的则是借此机会帮助他们构建一个基础的自我经营模式，确保他们在未来的职业生涯中能够持续进步，并且走得越来越轻松。当然，这同样是我又一次冲动的选择，又一次将自己置于砥砺前行、披荆斩棘的道路上，但或许这就是责任的体现，唯有小伙伴们的信任不容辜负。

来大连这三年，我独立策划、实操的训练营和项目将近10个。虽然每次都有一定的收获，但远远未达到我的要求。即使外部反馈明显好于内部，也仍让我极其郁闷。因此，这次训练营，我做的第一件事就是总结过往训练营存在的问题，也结合了自己近半年参加的各种训练营的学习心得，汇总的主要问题是：过往训练营中理论过多，实践不足，鼓励有余，督导不足。所以，这次“搞定收入”训练营的设计与以往大不相同，直接从实践和当下的具体问题入手。

我深知，鉴于团队过往的经营模式和行为轨迹，若要从根本上解决问题，每位团队成员都必须认真思考以下四个问题，只有厘清这些问题，才能切实规划自己的寿险职业道路。

①自己究竟是否适合从事销售工作?

②自己是否真正认可保险行业，尤其是在行业红利与问题并存的背景下?

③自己是否真正理解并认可保险产品的功能与意义？

④自己是否清晰地了解自己的职业发展规划？

然而，在“搞定收入”训练营中，我不想再过多赘述这些内容。尽管我明白这些是解决根本问题的关键，但从当前团队现状和所面临的问题来看，从源头上系统化解决并非最佳选择，因为时间和环境都不具备充分的执行条件。

在本次训练营中，我们重点解决缺乏方法、技能不足和不自律三大问题，同时也呼应了我之前提到的观点：在尚未具备创业所需的自律时，却放弃了打工环境中的他律团队状态，以及积极参与、坚守成交的经营理念。方法不必千篇一律，但每个人都必须拥有，并且这些方法必须是切实有效的，甚至高效的。尽管技能的提升并非短期内可以实现，但基础技能的掌握和持续提升是必不可少的。至于自律，在你尚未做好准备之前，他律其实是一个可行的替代方案。此外，推行合伙制并不意味着取消所有边界和约束。

## “搞定收入”训练营的路演

在本次训练营中，我吸取了之前的教训，开营时路演就再三强调了本次训练营的不同之处，并再三强调了让小伙伴们想清楚再参加。原来一开训练营就报名，体验一下就跑的，本次不欢迎；爱“刷”存在感、玻璃心的，本次不欢迎；爱钻牛角尖、总纠结各种学术理论、不爱行动的，本次不欢迎；爱抱怨、找借口、负能量的，本次不欢迎；自以为是、爱搬弄是非的，本次不欢迎。总之，提了一堆要求，原来计划招募 10 ~ 15 人做个试点，结果路演还没结束就报了 20 多人。

本次训练营的核心特色是：小理论，大执行。很多时候，小伙伴们总是热衷于探讨学术，躲在办公室里不停地进行各种讨论，却不愿去见客户。而本次训练营，我将督导大家暂时放下理论，先去接触客户。新人班已经系统培训了基础知识，并且实践了这么久，现在是时候见见客户了。只有不断地与客户接触，才能真正了解自己的不足之处，明确需要提升的方面。

要在实践中螺旋式提升自我，而非一味闭门造车。关注过程，追求结果，先行动起来，再力求达到标准。行前 RP，行中展示，行后 RP，确保每次面谈都有成效，每个动作都符合标准。犯过的错，不许再犯，总结正确经验，继续坚持。本次训练营通过对过程的紧盯，一是提升技能，二是建立规范流程。过程检视之后，就是结果的评估，始终以终为始。本次训练营聚焦基础经营、基础知识和基础技能。摒弃所谓妙招、秘籍，旨在让小伙伴们夯实本手，而非盲目追求妙手。每个动作都从基础做起，从源头上解决问题，正处于典型的扎马步阶段。

90天后，可能会有如下几种结果：

①徒劳无功，或者半途而废。

②虽然收入没有明显增长，但技能提升了，习惯也有了。

③虽然收入增长了，但只是勤快了，技能没有明显提升。

④收入增长，技能提升，习惯初成。

……

本次训练营从主顾开拓、面谈经营技能以及活动量的自我管理三大方面入手，进行基础性的推进。我深信，只要拥有充足的客户资源、掌握娴熟的技能，并确保足够的拜访次数，没有成交客户几乎是不可能的。所以本次训练营，我们先解决有没有的问题，然后再解决够不够的问题，最后解决轻松不轻松的问题。

训练营全程主打“较真”：到底做没做？做得够不够？做得好不好？做得对不对？缺在哪，我们的督导和训练就在哪。脸黑、不讲情面、当面揭短、死缠烂打，这些都是本次训练营的特点！

原计划通过此次路演，能够筛选掉一部分参与者，留下约10位即可。因为这个规模，无论是陪跑、辅导还是训练，精力和时间都能合理分配，毕竟还有大量其他工作需要同步推进。未曾料到，最终仍有26位小伙伴，在需缴纳1000元押金的情况下，依然坚定选择入营。在感到欣慰之余，更多的是感受到巨大的压力，怎能辜负小伙伴们的信任！

# “搞定收入”训练营的执行

“搞定收入”这个名字略俗气的训练营，就这么迷迷糊糊地开始了，特别感谢小伙伴们的支持和信任。第一次活动开始时，我还是重点强调了“捷径难觅，窘步前行”的挑战性，并再次和小伙伴们表达了一个理念：不要只看到别人的成功，而忽视了别人的付出；如果总是忽视基础建设，你跑得再快，最后也得回到原点。从业 20 多年，我看过太多寿险人从平地起高楼，又目睹其高楼坍塌。我建议小伙伴们要秉承“日拱一卒，功不唐捐”的宗旨，脚踏实地把工作做扎实了。

在开营之前，我进行了一项调研问卷，主要是让入营的小伙伴根据自身实际情况，从客户量、技能和活动量三个方面，评估自己未获得高绩效的主要原因。共有 22 位小伙伴参与，收集到 44 条反馈信息。

其中，36% 的小伙伴认为活动量不足是最大的问题；30% 的小伙伴认为技能匮乏是主要障碍；23% 的小伙伴将客户量不足视为最大难题；另有 11% 的小伙伴指出其他问题，但经过细致分析，这些问题也可归类于前述三大原因之中。

在每一个调研项目中，我都进一步做了细致的划分：

**客户量**：70% 的人认为问题在于缺少客户数量，而 30% 的人则认为是客户质量不高。

**技能**：16% 的人认为是缺乏知识储备，78% 的人认为是技能不足，另有 6% 的人归因于其他因素。

**活动量**：38% 的人认为问题在于意愿不强，而 62% 的人认为是缺乏有效的方法。

**其他**：20% 的人认为是认知不足，80% 的人认为与其他技能相关。

在进行了简要的数据分析后，我引导团队成员回归到一个根本性问题：成交的必要条件究竟是什么？如何从客户的视角审视成交过程？通常，客户选择购买的行为可以划分为两条逻辑线，一条是正常购买的逻辑线，另一条是非正常购买的逻辑线。

在此，我们仅探讨正常购买的逻辑链条。通常情况下，客户首先产生需求（这既包括自我认知的需求，也包括外界因素的促发），并且具备相应的购买能力。在此基础上，客户认为当前情况需要立即采取行动，于是便会选择一个值得信赖的渠道，按照自己偏好的方式，完成购买行为。

在这里，我认为认同需求和急迫感是当前阻碍成交的两大主要难题，而信任则是我们攻克这两大难题的关键武器。销售的最大成本在于建立信任，而信任可以简要分为专业信任和人性信任两个方面。这又回到了我之前提到的观点，即在销售服务中，我们不仅要充分了解你的客户，还要重视让客户了解你。在客户心目中树立良好的自我定位，对促成成交具有至关重要的作用。因此，在每次陪谈中，我至少会花费一半的时间在客户端构建自己的定位和形象，并确保这一过程贯穿整个面谈。在基础搭建未完成之前，我绝不会急于切入正题，或者会适当放缓进入正题的节奏。因为这将直接影响后续影响力发挥的效率！

随后，我再次向小伙伴们强调了农耕模式与狩猎模式之间的差异。我建议小伙伴们应以农耕模式作为基础，辅以狩猎模式。然而，在农耕模式中，最大的挑战在于如何将客户经营各阶段的标志性特征实现可视化和可辨析，并明确每个阶段所对应的标准动作。我们不能仅停留在概念层面的讨论，而应深入实践，避免完全陷入理论化的困境。

因此，本次训练营的首份正式作业，便是启动你的“农耕模式”，从当前基础着手。老隋的2024年“金句”（搞笑版）中，第一句是“积极参与，守住成交！”这句话是基于我此前提及的用户主权时代等背景及团队现状提炼而来，我们必须明确聚焦的重点所在。此处暂不展开详述。

在日常与小伙伴们的交流中，我注意到一个颇为奇怪的现象：许多小伙伴竟然没有建立自己的客户资料库，或者已有的资料库不够完整、缺乏标准。有的资料散乱地记录在各个地方；有的仅是一个名单库，仅包含客户的名字和联系方式；还有的仅在公司APP

中保存了成交客户的简要信息。

我认为建立自己的基础客户资料库是一个非常重要的工作，但形式不重要，纸质、电子表格、使用各种 APP 都可以。关键在于三点：一是必须建立，二是确保有效，三是善于借力。起初，我以为建立基础客户资料库并非难事，然而在我所负责的 N&D-CMS 试点项目中，这一环节却成了瓶颈。客户基础信息的录入，竟然导致试点项目几乎陷入停滞，这是我万万没有想到的。但考虑到其重要性，我仍坚持在训练营中带领小伙伴们尝试推进。不过这次，我总结了之前的失败经验，调整了思路，从当前的具体工作入手，逐步搭建各自的客户基础数据库，避免一次性大量录入信息，以防再次引发团队放弃数据库搭建的风险。

我首先向小伙伴们提供了第一个表格——《月度客户经营表》。鉴于训练营是从月中启动，我指导他们按照一个半月的计划，先行筛选出此阶段需重点经营的 50 位客户名单。接着，结合机构主导的经营模型，将客户细分为潜在客户（低、中、高）、准客户（低、中、高）、成交客户（低、中、高）、家庭客户和 VIP 客户，共计五大类别，十一个层级。低、中、高的划分标准由小伙伴们根据自身情况自主确定，但至少需涵盖财务和关系两个关键维度。

随后，他们需填写一系列信息，包括但不限于：客户姓名、分级、当前状态、本月经营目标、每次面谈前的准备工作及预期结果，以及邀约计划。例如，具体安排在哪一周进行面谈。至于与每次面谈相关的准备和结果，可在后续实际工作中逐步补充；表头的结果和过程 KPI 也可暂时简化填写，甚至暂时留空。

出乎我意料的是，这样一份看似简单的表格，竟让小伙伴们感到压力倍增，甚至出现了加班完成作业的情况。对此，我进行了深刻反思：新人上岗后的系统性培训和指导至关重要，半生不熟的状态最难调整。

接着，我向小伙伴们提供了第二个表格，其中包含两项重要内容：第一项是客户基础信息表，要求大家将月度经营表中的 50 个客户信息转录到基础表中，并逐步补充信息以确保其完整性。在此过程中，我特别强调，不仅要扩展客户信息至家庭层面，还需将重要人物的信息纳入客户信息范畴。

第二项则是小伙伴们面临的最大挑战：客户基础分级及经营标准（具体内容已在之前的 N&D-CMS 中详细讨论过）。尽管每位小伙伴的标准和经营内容各不相同，我还是要求大家先尝试构建初步框架，再通过实践不断优化和完善。可惜，训练营时期并没有小伙伴能够完成相对成型的表格。我也注意到，大家对这类基础性、略显枯燥但能积累深厚功力的经营动作并不热衷，甚至有些排斥。但正如万丈高楼需从平地起，没有坚实的基础，一切努力都将付诸东流。

第三个表格是我沿用超过 12 年的周单元经营表格。此次，我并未要求团队成员依照我的模式，从整体规划逐级分解至年度、季度、月度计划，再细化到周单元经营。也未要求他们构建周单元经营的逻辑框架，只是简单规定：至少在每周六完成下周所有时间安排，确保无整块时间空白，并采用记流水账的方式，记录实际执行情况。

我强调本轮考核的重点在于提升活动量，确保有足够的客户面谈数量。同时，要求小伙伴们充分利用每天的碎片化时间，发布2～3条高质量的朋友圈，并按照训练营的标准回复至少十个朋友圈，以周为单位结合自身阶段性目标进行规划。朋友圈的内容应涵盖工作、生活、成长三部分，并合理分配比例。

我提醒小伙伴们，训练营初期，我们先从基础做起，避免给大家带来过大的压力。因此，当时只需掌握三个表格，借助这些表格初步实现工作的系统化、流程化和逻辑化，建立个人的基础经营模式。实际上，理想状态应是四表联动，但鉴于大家当前的状况，第四个表格暂未同步推进。尽管如此，小伙伴们仍普遍感到压力较大。

考虑到时间紧迫、任务繁重，我预留了一个月的自我学习和训练作业，内容涵盖易容老师健康险培训中的硬性知识点背诵、养老话题的讲解与财务计算，以及高客面谈的基础知识点背诵。

同时，考虑到大家的工作推进节奏和速度，我设立了一个训练营的加餐环节，大家可以根据自身需求自愿参加。基于开营初期的信息收集以及对大家的日常了解，加之对“报行合一”相关解析的探讨，不少小伙伴产生了疑虑和纠结。

为此，此次训练营加餐主要是从思想层面缓解大家对缺乏客户的担忧和压力。通过约 2 小时的快速交流，虽难以从根本上解决问题，但先在思想上获得解脱，再通过实践验证和夯实，不失为一条有效的路径。

首先，我们探讨了市场上是否真的存在客户，还是自身缺乏客户的问题。基于当前的市场数据及团队成员的实际观察，大家一致认为，尽管市场规模不及许多发达城市，但对于我们而言已足够，完全能够满足全体成员的绩效需求。问题的核心在于我们是否能拥有足够的客户。

其次，我和小伙伴们交流了一个当前面临的问题：我们更倾向于参与培训和学习，热衷于在各种课程和直播视频中穿梭，但在实际行动上却显得不足，时常以“我还没准备好”作为借口。须知，不行动，永远不会有结果，动起来才是一切的开始。

接下来的灵魂五问对小伙伴们极具挑战。

①你缺客户吗？大家都说缺啊，现在最大问题就是没客户。

②你缺什么客户？（按照 11 个层级区分）关于这个问题，大家众说纷纭，但多数表示缺乏准客户和成交客户。

③准客户和成交客户来自哪里？大家的反馈都来自潜在客户。

④你缺少潜在客户吗？小伙伴们基本都表示不缺潜在客户。

从潜在客户到准客户转变的核心因素是什么？答案是显而易见

的，就是我们是否主动和客户谈及保险话题，意味着只要你积极主动，就不会缺准客户。至于成交客户，则是多种因素决定的。

因此，第三个至第五个问题无需再深入探讨。小伙伴们一致认为，问题的根本原因在于自身行动不足，缺乏主动性和积极性，甚至尚未触及方法层面的探讨。

随后，我们共同探讨了传统的缘故、转介绍、陌生（半熟人）市场的定义及各自特性，并分析了它们在不同历史时期所扮演的角色。值得注意的是，Z 市场已逐步演变为半熟人市场，且正悄然借助互联网和社群等新兴载体，迅速提升其分配份额的占比。缘由、转介绍、陌生（半熟人）这三个市场的定义正在悄然变化，其边界也逐渐变得模糊。

实际上，对于三个市场谁占主导地位、谁更具优势，不同的人会有不同的答案，因为无论经营哪个市场，只要经营得当，都能获得丰厚的回报，这一点团队中的高绩效成员已经充分证明。然而，在这里，我特别强调，无论何时都不要放弃缘故市场，甚至可以说，缘故市场是新人最为关键的市场。许多新人表示暂时不愿涉足缘故市场，并列举了诸多理由。我直言不讳地指出，真正的原因还是对行业的认知不足。当然，如果凭借自身天赋，找到了最适合自己的市场，那也无可非议。

在讨论中，大家对缘故、半熟人市场的经营都表现出了一定的认知和了解，但对于转介绍市场的效果和经营还都不太了解。这也和团队过往的发展轨迹和经营模式有关。我给小伙伴们讲述了这样一位寿险从业者的成长故事：在公域经营尚未兴起的年代，她初入行业时，不仅身处异地、缺乏本地资源，就连最基础的缘故人脉也十分有限。但她并未因此却步，而是将“转介绍”作为核心拓客路径，从最初的零星客户起步，一步步积累，最终搭建起规模庞大的客户矩阵，更凭借这份坚持与专业，跻身行业顶级行列。

由于这位从业者的成就与口碑在行业内广为人知，不少伙伴甚至与她有过直接交集，因此这个案例一经分享，便迅速获得了大家的深度认同——它让更多人清晰地意识到：寿险行业从不缺少潜在客户，真正需要潜心钻研的，是如何通过专业能力与服务温度，将“潜在”转化为“成交”。

这位用实力打破资源局限、成为很多人榜样的“顶级人物”，正是我始终心怀敬佩的赵茜女士。

趁热打铁，我让小伙伴们现场检视了自己在影响圈中的身份和形象定位。在这个用户主权时代，身份标签和形象定位显得尤为重要。从客户的视角来看，当产生服务需求时，他们通常会优先选择从事该行业的人，接着是寻找行业内的专业人士，最后则期望能找到行业内的顶尖人物。这一选择顺序要符合人性的常规逻辑，且完全基于个人的认知进行。因此，我们必须确保自己被看见，并且被精准地定位为理想中的状态。

在活动的最后一个环节，我带领小伙伴们回归到实践的本质。

首先，在知识层面上，我们要确保应知尽知，精准表达；其次，在技能层面，我们要培养肌肉记忆，使技能娴熟，形成惯性反应；第三，在执行层面，我们要先行动起来，尽力完成，再追求完美。

在训练营进行过程中，根据小伙伴们的需求和发现的问题，我经常安排一些额外的“加餐”内容。这些“加餐”旨在针对部分小伙伴的具体问题进行深入探讨。例如，接下来的“加餐”主题是“如何看待复杂的技能问题”。

其实，关于技能提升的问题，绝非短短两小时就能解决的，即便是几天、几周、几个月，甚至数年也不可能彻底解决。技能的提升将贯穿我们的整个职业生涯。然而，如何系统化地提升技能，如何进行有效的刻意练习，就需要在起步阶段打下坚实的基础。

本次活动的第一部分，针对前期作业完成情况及存在的问题，我重新与小伙伴们交流了如何使用周单元经营表。结合前两天收上来的周单元经营表格，我发现多数小伙伴在填写时存在较大问题，例如计划填写顺序不正确，时间节点错误，实际执行的填写也未严格按照要求进行。这些问题主要源于大家对表格的认知不足。根据以往经验，我并未立即进行系统的解析，而是从局部问题入手，给出具体的改进建议。先让大家逐步使用起来，然后再逐步优化，最终从整体设计和规划层面彻底掌握使用方法。

在与小伙伴们就周单元经营表格达成共识后，我分享了前一天晚上给同业做辅导时，忽然对销售的本质有的一个新的认知。甚至认为这是一次顿悟，感觉自己的认知又提升了一个层级。正确与否暂且不论，这种感觉十分美妙。我把技能分成营销技能和领域技能，营销技能是针对职业而言的技能，而领域技能是针对行业而言的技能。两种技能都是为了达成一个共同目标——解决问题、达成目标或成交！实战中，技能还可以分为知识领域和行为领域，这正契合了“知行合一”的理念。

我认为，如果仅从销售和成交的角度来看，我们做的所有事情都可以归纳为一件事情，即不断构建信任。没有成交，其实就是因为信任不足（特殊情况除外）。在解析这个话题的同时，我和小伙伴们一起回顾了关系型、产品型、理念型、顾问型以及我增加的共情型五种成交模型。其实各种模型没有好坏之分，每一次的升级都是由于成交的难度增大而被动进行的。模式的升级，并不是对之前的否定。使用好任何一个模型，都会是一个高绩效的王者。成交的核心就是：信任！信任！信任！

搭建自己的成交模型，是我们职涯中必做的事情。我们首先需要依据架构和逻辑构建一个有效的模型雏形。架构与逻辑的搭建，犹如人体之骨骼与筋脉。随后，着手匹配相应的内容和技能，犹如在骨骼之上增添血肉。

这样，我们就掌握了基础的成交技能，再选择合适的工具，确保用正确的方法做正确的事，从而大幅提升我们的成交效率。正确的方法搭配高效能的工具，将使你轻松体验成交的愉悦。在进行上述工作时，请务必充分发掘和利用你的天赋和才干，切勿沉迷于弥补自身短板。

说到最后，我再次强调，实践是检验一切的真理，也是自我成长的最佳途径。通过系统的培训和训练，你已经打下了坚实的实战基础。因此，应在实战中不断磨砺和成长，而非总是渴望成为温室中的花朵。然而，实战绝非蛮干，它不仅讲究方法，还需不断总结和完善，更需提前进行周密的规划和计划。否则，即使有所成长，也可能只是蜗牛般的缓慢进步。

在问答环节中，小伙伴们提出的问题多为基础性问题。将这些基础问题置于上述内容中审视，不难发现，问题的根源往往在于自身未能充分掌握或缺乏实际行动。尽管问答环节的短短两小时无法从根本上解决成交技能的难题，但却足以向小伙伴们揭示成交技能背后的底层逻辑。

## “搞定收入”训练营的小结

2024 年某个周四的上午，“搞定收入”训练营的周活动如期举行，内容直接且高效！首先进行的是一轮考试和抽查：试卷笔试（30 分钟，总分 110 分，含加分）涵盖两个领域的基础知识测试，分别是养老基础知识和高客经营基础知识。从现场答题情况来看，参与者对这些基础知识的掌握并不熟练。尽管人们常说保险行业门槛较低，但我认为，无论门槛多低，基础知识必须学得扎实。若将主要客群定位在中高端人群，那么所需的知识领域就应更广博、更深入。对于知识点的掌握，没有捷径可走，唯有先背诵，再理解，并通过不断地重复和使用，将其转化为肌肉记忆。

然后是计算演练（依据养老的四大账户进行）。首先，在养老规划的财务计算方面，许多小伙伴显得尤为生疏。其次，对于计算的具体流程及其结果的应用，也缺乏足够的了解。例如，切不可贸然开始计算，务必先明确整体养老的定位与规划，对客户期望的养老方案进行多次确认。

在实战面谈中，我经常会问："您确定需要这个标准吗？您确认能接受这种状态吗？"无论是高标准还是低标准，都需要与客户反复确认，并适时提供合理建议，尤其是在出现漏项、高评低估等问题时。在这次计算演练中，所有人都拿出了计算器同步进行计算，得出的养老财务需求结果却让许多小伙伴大吃一惊，因为他们从未意识到养老所需资金如此庞大，财务缺口竟然如此之大。

因此，我建议你不要独自为客户进行养老财务计算，而应让客户共同参与。这样做一方面能确保计算结果得到客户的认可，另一方面也能提升客户的体验感。在实际操作中，我发现大多数客户对养老规划的财务需求认知不足，对未来的养老状态也缺乏清晰了解。但需注意的是，务必保持客观地分析和预估，避免故意制造焦虑，吓唬客户。

在计算养老规划的财务需求时，必须考虑通胀的影响，同时要审慎运用养老收入替代率、社保缴纳人口变化等关键要素。我发现许多同行在运用这些要素时存在误区，极易被客户和竞争对手淘汰。

在销售逻辑呈现环节，要求每位小伙伴都认真审视自己是否具备一套行之有效的销售逻辑。别人的千套、万套，终究不如自己的一套。然而，在审视过程中，多数小伙伴都发现自己并没有一套有效且清晰的销售逻辑。我建议大家要么构建自己的独特方法，要么直接采用 NBS、DOSM 等成熟体系，总之必须拥有一套切实可行的销售流程。如果总想着靠“乱拳打倒老师傅”，那么效率和成交率都将大打折扣。

训练营活动现场给大家发放了 DOSM 的营销辅助工具，如果你的面谈缺乏逻辑，借助这套工具，按部就班地操作，也能顺利完成基本的面谈流程。

三表联动的抽查结果几乎是一片混乱。我发现团队成员普遍不愿进行系统化的经营，他们更倾向于随性的经营模式，因为这能让他们感受到所谓的自由和轻松，压力相对较小。然而，从结果来看，这无疑是一场灾难。在这种经营状态下，追求更高目标和期待更佳结果变得不切实际，因为这种模式不仅效率低下，而且基本上是依赖运气和天意的状态。

整体来看，由于许多小伙伴在入行、入职初期缺乏系统的培训和指导，主要依靠自我摸索和修炼来成长，从而形成了当前的“鸡肋”经营模式。打破并重建这种经营模式无疑是一项艰巨的任务！我不确定自己这次能否为大家提供一个破局的机会。

客观评估“搞定收入”训练营的最终效果，结果并不尽如人意。虽然许多小伙伴表示学到了大量技能，甚至明确了具体操作方法，但训练营并未为每位小伙伴量身定制一套可付诸实践的模式。幸运的是，部分小伙伴在结营后，陆续规划了自己的职业发展路径，制订了近期工作计划，并建立了自己的客户基础库，同时取得了不错的绩效回报。

## 后续的一次“围炉煮茶”

训练营结束后，很多小伙伴意犹未尽，于是大家选了个周六举办了一次“围炉煮茶”活动。隐隐感觉，这个休闲聊天的项目，快要被这些家伙调整成一个小型训练营了，而且强度还不低。

活动的第一部分是三表联动的问题解答，包括基础表、月度表、周单元表的基本使用逻辑；实操中的轴线：横轴为客户，竖轴为时间实操过程中，横轴代表客户，竖轴代表时间；实操中的问题：不联动、不认真、不总结。常规的使用流程是先从基础表入手，然后导出月度的客户经营计划。在训练营期间，由于许多小伙伴缺乏基础表，且不愿一次性完成基础表的搭建，我采用了阶段性倒装法，即先制作月度表，再反向填充基础表，想借助 6 个月的时间，协助小伙伴们逐步建立完善的基础表。没想到，竟然给小伙伴们带来了顺序逻辑上的困扰。

在确认当月的客户经营计划时，要结合客户经营的自然状态和你的阶段绩效诉求，而且要相辅相成，而不是单一关注。我们的小伙伴通常完全以当下的绩效诉求为标准，强推强拉，其效果是非常糟糕的。简单的绩效分解，即便细化到行为层面，也是基本无效的。在表格应用方面，大家还停留在形式上，没有深入思考“三表”的功能性。很多小伙伴不肯按照标准和流程使用，自然无法达到三表联动的赋能标准。

活动的第二部分聚焦于线上客户实战面谈的技巧（结合机构的数字化项目），涵盖以下要点：如何高效构建个人定位，包括属性、逻辑、内容和形式；如何从咨询环节顺利过渡到成交环节，遵循问题优先、由点到面、循序渐进的原则；如何塑造自身的独特优势，通过竞手对标、本手保级、妙手破局等策略。要理解线上客户有自己独特的互联网属性，因此其基本属性决定了服务逻辑的构建，在内容上要兼顾广度和深度，在形式上既要保持专业的形象，又要减轻客户因认知不足和信息差带来的压力。

很多客户是来咨询的，而你却想直接成交，这是两条平行线。要么搭建一座连接桥，要么调整两条线中至少一条线的方向，总之需形成一个交点，打造一个连接区域，否则转化将难以实现。优先解决客户问题是毋庸置疑的，在解决问题的过程中构建自身定位，甚至激发需求。

从客户的一个问题点出发，折射出潜在的风险面，逐步引导客户构建和完善其风险管理意识，稳扎稳打，不急不躁，如此一来，成交转化率一定会稳步提升。

打造自己的差异性，是前面讲的四性中的第三性。你应该知道，公域客户的身边都有哪些人，会以哪些方式与其沟通保险内容。如何在避免恶意抨击竞争对手的同时，在客户端获取差异化定位，确保专业性和与客户的匹配度，这是你的本手；而差异性和稀缺性就是你的妙手。张嘴即专业，闭口即稀缺，这的确需要一定的刻意练习和实战经验的积累。

活动的第三部分是关于客户经营的实战答疑，包括客户黏合度的提升、经营效率的提高、有效逻辑的构建等方面，大家可以结合前面的内容进行思考，此处不再展开介绍。

这次的活动虽然时间较长，但大家仍然感到意犹未尽。究其原因，在于每个环节均以小伙伴的实际案例作为研讨范本。我们真心感谢每位小伙伴能够无私地分享自己的工作案例。在此过程中我们也会充分保护彼此的隐私。

# 第八章

# 日常工作中的实战杂谈

## 在团队三季度启动会上的发言

以往，在团队启动会的最后一个环节——团队长发言，我通常只是简单说几句，既不做 PPT，也不特意准备内容。当然，有时简单说几句也会不知不觉变成了 1 个小时的发言，这是我需要努力改正的一个缺点。

2024 年 7 月 1 日，是党的生日，也是我们团队的三季度业务启动会。凌晨大约 3：30，我忽然醒来，总觉得自己该干点什么。闭着眼睛，我复盘了最近的思考和观察到的现象，经过反复梳理各种信息，终于知道自己该做什么了。于是，我立刻起身，打开笔记本电脑，决定为当天的启动会上做一个 PPT，讲一个小专题。虽然我很清楚，我的观点可能不会被大多数人所接受，但我坚信它是对的，它绝对能把团队从困境中拉出来，因此，我必须要讲。下面是当天的发言内容。

## 主题——逆行者

说起逆行者，大家是否会想到那些场景：天津港大爆炸中，消防员面对烈焰，义无反顾走进火场，那句“如果我回不来了，我爸就拜托给你了”的留言，至今让我无法忘怀。汶川地震中，空降兵们在 4999 米高空，面对漫天的大雾进行“死亡”一跳。我称他们为逆行者。

他们为什么会选择这么做，我想可能来源于 NLP 逻辑层次模型中的身份层次——我知道自己是谁！因此，有些事情，我也必须要去做！作为寿险从业者，我们的职涯中或许不会有这样极端的场景，但这是否就意味着我们终将碌碌无为呢？我不这样认为！因为平凡中孕育着伟大。作为自己人生的 CEO，我们肩负着对自己的责任；作为家庭的一名成员，我们要承担自己的义务；作为寿险行业的一分子，作为团队的一员，我们要有自己的担当。在平淡的生活中，依然不缺逆行者的身影。

面对行业的大变革、机构的战略大调整以及层层的压力，我们是选择做一名放弃者，还是做一名扎营者，抑或选择做一名攀登者、逆行者，肩负起为团队持续发展保驾护航的责任，为行业的正能量发声，去砥砺前行，挑战新的目标！

最近，太多人在说寿险业进入寒冬了，“报行合一”就是一个里程碑式的标志。甚至很多“大 V”“大咖”也唱衰行业。例如，行业里的一位大咖反复强调，大量优秀人才（如律师）正离开寿险行业，未来寿险从业者只能靠卖重疾险生存，理由是只有重疾险的佣金高，卖其他险种都不合适，都是死路一条。这位老师还指出，寿险代理人的生存空间不断被压缩，最近的国家会议也极少再提保险，而医保的DRG（疾病诊断相关分组）推动，更是让保险代理人的业务雪上加霜，除非进行高端医疗险种的销售……

我是个普通的基层寿险从业者，没资格评论这些“大咖”的观点。我也承认，无论是行业的变革还是机构的战略调整，的确对我们的团队和个人的经营产生了影响。但是，我们的认知究竟是什么？是认为行业正在步入下行期，甚至是衰败期吗？还是仅仅因为阶段性红利的终止，行业回归正常的发展阶段？如果回归对我们来讲是一种压力，甚至是一次破坏力极强的伤害，那么问题一定不是出在行业发展上，而是出在我们自己身上，或者机构层面也有不可推卸的责任。

之前，我也和大家讲过，我们可能要过段苦日子了，要坚守，要坚持，今天的退是为了明天更好的进！所以，暂时的业务下滑、收入降低，士气低迷都是正常的。但是今天我想说，我错了！对于我们这支团队来说，怎么会是寒冬呢？怎么会是进入了必然要下滑的周期呢？特别是在昨天晚上，我偶然间看到了一组数据，更加坚定了我的想法。

这一轮的变革，对我们而言，影响无非是爆品没了，产品同质化更明显了。但是爆品没了，并不代表产品优势没了。一是我们手里的产品依然是市场上的头部产品；二是我们的优势是产品多元化，而不是单一爆品；三是我们的专业服务才是真正的核心竞争力。是我们的模式问题和自身的认知问题，导致我们今天深陷沼泽，而不是市场和行业的问题。那些用正确模式进行经营的团队，正在逆势上涨。所以，我们要用专业的优势加产品多元化的特色，解决爆品消失的问题。

接下来，大家面临的最大困扰一定是折标。但是入行久的小伙伴都知道，在很早以前，特别是推动新业务价值模式的机构，保障类的产品折标一直比较高，储蓄类和年金类产品相对较低。只是这几年，市场的红利和机构的战略把储蓄类产品刻意拉高，现在只是回归常态而已。同时，我们完全可以靠提升规模来解决这个问题，而且我们完全有能力去提高规模。

转型，许多团队都在进行，毫不客气地说，他们目前正处于混乱、纠结乃至痛苦之中。团队规模越大，以往的传统模式执行得越牢固，转型难度就越大。然而，我们团队不需要转型，因为我们早已走在新模式经营的道路上，虽然没有得到多数人的认可，但我们已积累了经验，并在小范围内取得了成果。如今，只需将这些经验推广、放大即可。凭借我们总结的经验和前瞻性的布局，完全可以领先其他团队。因此，在这轮变革中，我们不应采取防守或保守策略，而应积极进攻，大张旗鼓地进攻，因为我们拥有得天独厚的优势。

## 在过去的 1100 天里，我们都做了什么

2021 年 7 月，我们启动了专业化发展路线，第一个变革就是

针对新人的3天培训，提出了新人培训21天，虽然遭到了几乎所有人的反对，但是我们依然坚持执行。我们开始鼓励大家学习专业销售流程，学习专业知识，虽然压力重重，但是第一个追求专业的训练营——钢镚训练营蹒跚起步了，即使只有6个人。

2022年，在钢镚训练营的基础上，我们启动了高客经营，要打破团队的业务天花板，随着年缴100万、200万的保单不断出现，我们的眼界和格局也在拓宽。顺势再次启动的聚焦新中产（第一次是2021年），聚焦家庭综合保障计划，也悄然开始重构我们的客户群体和经营模式。

2023年，我们成功实现了数字化经营的突破。在DAC-T项目中，我们自信地提出了“月入保过万”的对赌承诺。尽管仅少数人参与，但积极的初步数据已经显现。通过对100多段录音的聆听和40多段录音的深入解析，我们掌握了DAC-T的底层逻辑及成交技巧。

2024年，半年时间，我们推动的客户经营体系，以“财富创造者计划”为载体，已经初露锋芒，解决了无客户可见、见面无效的问题，更展示了“复利效应”的魔力。同时，该工具也被众多同业采用，成为团队运营的必备工具。

所以，在这一刻，我们已经和别的团队不一样了！我们有这么大的优势，为什么还要和别的团队一样陷入沼泽呢？我们只要调整自己的认知：现在不是寒冬，而是精彩时刻！我们现在是该表演真正技术的时候了。我们的选择只有一个，或者我们根本就没有选择，我们只有进攻！进攻！进攻！

在多数人选择防守的时候，我们选择了进攻。但是进攻不是盲目的，不是逞匹夫之勇，而是睿智地顺势而为，逆势而上。外部客观审视市场的变化，内部积极面对机构的变革。所以，作为一个和机构同行的绩效团队，我们接下来必须要做两件事情：

首先，争取信任，机构变革的第一聚焦点，一定是降本增效中的“降本”，合理匹配资源肯定是正确的。但是纵观过往的大变革，在实际操作中，“误杀误埋”的情况几乎是不可避免的。对于一个刚刚从转型中艰难走出来，尚未进入最佳状态的团队，我们很容易因为弱小而被忽视，并且过去的节俭行为也可能成为被误伤的导火索。事实上，在过去半年中，我们已经通过实践验证了这一结果。

因此，在这一轮中，我们要积极发声，让机构看到我们的变化，看到我们的成长以及与他们同行的决心。为赢得信任，我们必须让机构看到：在战略上，我们和他们高度统一；在策略上，我们积极响应；在行动上，我们坚决执行；在结果上，我们超额达成。鉴于此，在三季度的工作中，我们必须在机构重点关注的重疾开单人力、百万杠杆寿的开单人力和业绩，以及领鹰新增人力三项指标上，有优秀的表现，进而获得机构决策层的认可。即使在我们业绩占比超过 60% 的最大自营团队因为特殊原因解散的情况下，我依然坚信以我们现在的实力，完全能够超额达成目标。

其次是获取资源，我们不能盲目自信，认为仅靠自身就能走出困境。作为一个轻资本的销售团队，我们必须从机构层面获取各种资源。前面争取信任也是为获取资源而做的前期准备。被信任是我们获得破局资源的前提条件，既能保住生存的基本资源，又能获得进攻的强大支持。因此，在资源获取方面，除了靠我们自己准备，从机构端获得支持更是重要的一环。我们要获取费用的保障、工具的支持、活动的加持以及培训赋能，这些都需要我们最大限度地从机构端争取，这也是顺势而为地落地执行。

这一次，我们要高调做事，打出气势，不仅是为了让别人知道，更是为了让我们自己有信心。虽然三季度有很多的方案，但这些方案并非我们全力以赴的理由，而只是营造氛围的调味剂。我们是为荣誉而战，是为自己的发展而战，是对过去1100天里付出的艰辛负责而战！

半年前，因为我的不坚定、短视和格局不够，导致我犯下几乎致命的经营错误。此刻，我坚定地告诉大家：不再纠结，无需责任免除，我坚信自己的观点是正确的。我寻找和我同行的人，我们一起在别人所谓的寒冬里，开创我们自己的春天！

以上是启动会上我的发言，我自己讲得激情四射，但不知道团队小伙伴们的感受如何。以我对他们的了解，少数人真正懂了。但是，我顾不上那么多了，真理永远掌握在少数人手里，既然决定了，那就干吧！让同行者得到回报，让观望者看到希望甚至选择加入，至于反对者，只要不影响我们，就不用在乎他们。

# 写给刚刚计划靠录视频获客的小伙伴们

2025 年开始，每周一的团队早会增设了我负责的环节，时长一般为 20 分钟。通常我会准备一个小专题，下面分享某次早会的内容——写给刚刚计划靠录视频获客的小伙伴们。

背景始于 2023 年，当时部分小伙伴通过录制视频，并在各大自媒体平台上发布，同时配合定期直播，取得了非常不错的效果。又因为行业内通过录视频、直播等方式获客的小伙伴很多，因此我们团队逐渐掀起了一股录视频的热潮。为了把视频录制好，在公域里获得更多流量，甚至出现了花钱请老师培训和一对一辅导的现象。我仔细观察了一段时间，发现目前仍在录制视频的成员，已是第三批。前两批似乎在短暂亮相后便悄然退场。

在 5G 和互联网时代，借助自媒体平台，通过录制视频和直播打造自己的 IP，是可行的策略。但是为什么很多小伙伴在坚持一段时间后，就悄然退出了呢？即使还在坚持的小伙伴，也显得兴致索然，如同嚼蜡，或者如鸡肋般存在，食之无味，弃之可惜。问题出在哪里？

从最初的偶然参与和关注，到后来的细致研究，我通过追踪并反复观看一些成员的视频，结合自身多年的营销经验和对自媒体的浅显理解，大概是找到了问题的症结所在。

需要申明一点，对于视频如何拍、拍什么、拍多久、怎么发布这些具体的操作，我不是很了解，所以不进行讲解。

今天，我主要探讨的是营销的基本逻辑。我们拍摄视频的终极目标是什么？除了希望成为网红等因素外，大多数朋友希望通过视频拍摄和发布来获取客户。这就构建了一个由我们、自媒体平台和平台受众三者组成的系统。该组合的目标在于为我们吸引甚至促成更多的客户成交。因此，我们必须明确我们与平台、我们与平台受众之间的具体关系，以及平台与受众之间的关系，再加上受众与我们和平台之间的关系。若不能厘清这些关系，仅凭单一努力或在某个单一环节上发力，大概率是低性价比的。

我们的第一目标是获客，只有获客了，才有成交的基础。那么在获客（包括获取老客户的复购）环节，我们是否要思考一下是以公域流量为主，还是要以私域流量为主？因为这两个流量池的属性和特点差异很大。同时，还有一个更重要的问题，即我们是否需要考虑 IP 的定位。我坚信此前说的“无定位不销售，无共识不成交”原则是对的，是符合底层逻辑的。

很多小伙伴都在追热点，无论内容还是形式上，总之怎么能吸引眼球，就怎么做。我感觉他们遵循的基本原则就是“先做大，再做强”，就是不管是什么样的人，只要能吸引过来，就是成功！但是结果呢？我认为并不理想。一定会有人说是时间还没到，互联网的 IP 打造是需要时间的，是有周期的。但我想套用一句评论：留给你的时间不多了。一方面，互联网红利的底层逻辑正在发生质变；另一方面，更多互联网超级 IP 的崛起往往是瞬间的，周期极为短暂。

我们和平台之间的关系是什么？我们是不是想把平台作为载体，在我们和潜在客户之间搭建一座桥梁，建立联系？通过在平台上发布视频，把我们的 IP 信息传递给潜在客户。

而平台在早期是借助我们提供的素材和内容，吸引更多受众。发展到如今，我个人认为：除了自带流量的“大 V”依然受到关照外，平台的角色更倾向于转变为超级流量池。短短数年间，我们与平台的主被动关系发生了转换。因此，想要充分利用这个载体，就必须了解其游戏规则，甚至深入探究其背后的算法，尽管这颇具难度。

不要轻信那些声称已掌握平台各种算法的专家。“买的不如卖的精”，这句俗话不无道理。我们只需找到与平台的平衡点即可，不要总奢望从中牟利。例如，团队小伙伴在直播时，我常会刷一个跑车，直播间人数瞬间上升，但观众的停留时间就无法保证了。

由此可见，游戏规则和背后的算法很重要，而我们的小伙伴却恰恰迷失在这一环节，沉迷于研究平台的各种规则和算法，却忽略了整个组合或系统的底层逻辑构成。

因此，很多小伙伴们的自媒体号没有固定的形式，内容输出杂乱无章，根本无法形成明确的 IP 定位。即使某条视频上了热门，也只是昙花一现。当前平台完全有能力管控视频发布者，以平台自身的战略发展为核心，但取悦平台受众始终是其战略核心。我们基本是兼具发布者和平台受众两个身份，以不同身份去和平台接触时，你应该会发现彼此关系的变化。

再来看平台受众与平台的关系，受众是平台生存的根本，取悦受众是平台的核心战略。然而，这并不妨碍平台通过深入了解受众，在背后进行引导甚至操纵。受众则根据自身需求、偏好和体验感选择平台，二者之间的依赖和信任始终处于动态变化中。

对我们而言，必须清楚受众对平台的需求及其使用方式。受众选择平台的背后，往往是其身份和背景属性在起作用，这些因素对我们双方在自媒体平台上构建关系至关重要。我们可以从两个角度思考：一是通过平台直面客户；二是与受众在平台上“共舞”，仿佛置身于一场没有主持人和导师的“非诚勿扰”。

在了解了上面这些关系和背后的逻辑后，我们就应该清楚如何塑造形象、选择模式以及运用何种内容来有效触达受众，并从中找到潜在客户。在这里，我必须提醒大家，切勿贪心，不要想把所有类型的客户都收入囊中，这是不现实的！贪多反而可能一无所获。市场的细分和自我客观评估，都是确认主流客群的依据。所以，要么选择做自己擅长的事，要么选择做自己最需要的事，若能两者兼备，那便是极大的幸事。

那么我们究竟该怎么做呢？我建议大家先在理论层面进行定位，然后在实战中不断将这一定位具体化。我们必须要清楚，我们的目标客群定位是什么，我们的自我定位是什么。这二者之间必须要搭建一个匹配且有效的关系纽带，或者说这两种定位一定要具备匹配性！

在此基础上，我们还需结合平台特性，构建场景下的最优元素关系。必须接纳自媒体平台受众演化出的潜在客户的特点、偏好及需求，并据此确定所需塑造的形象、输出的模式与内容。这些因素一定是排在视频自媒体运营的首位，其次才是平台的规则与算法等。

实战中，我们常见的有两种经典类型。一种是横空出世，出道即巅峰。这种现象的背后，通常是一个专业团队的精心运作，包括事前的大量调研、反复的模型设定，事中的矩阵布局，以及市场的快速检验与调整。另一种是顺势而为，以市场需求为导向，例如一款叫足迹的 APP，原本计划作为记录旅行的软件，但用户更喜欢把它作为一个修图发朋友圈的工具，于是团队调整战略，以市场反馈为战略调整的风向标，我认为这是一个明智的选择。

而我最担心的是什么？首先是小概率事件的常态化。在互联网时代，无论是地域限制的打破还是边界感的模糊化，都容易让我们陷入误区。以前几乎不可能的事，在互联网的加持下，其发生概率大幅提升，但我们必须认识到，这种提升并未使其成为大概率事件。有些只是将以前发生概率几乎为零的事件，让你有幸目睹而已。然而，可怕的是，我们却将这些偶然事件视为常态，并据此调整行为和方法，那绝对是一场悲剧。其实，这些问题并非新问题，守株待兔、瞎猫撞死耗子的典故早已警示我们。

另一个担心是结果假象的过程错配，这一点我多次提及。简单举个例子，一个人长期不开单，忽然连续签下10单，且件均很高，我们是否会让他分享经验，探讨如何做到的？这也是我前面提到的“万事单一结果论”现象。这个人会告诉我们他做了什么，我们便会立即效仿，付诸行动。然而，我们未曾深究他为何长期不开单，忽然开单的原因，他的方法是否正确？甚至是否存在另一种可能，他遇到了一个巨大机遇，但因方法不当，仅获得了十分之一的结果，而这十分之一已足够惊艳。

最后，我在2024年二季度与团队小伙伴们反复强调，随着近几年市场波动红利的逐渐减少，客户在互联网上的咨询热度也将大幅下降。这些变化将体现在直播间人数和视频引流上。无论是直播还是录制视频，功能上都需要做出相应调整。从完全依赖公域，到公域、私域交互，甚至私域的垂直性优势超过公域的规模性。因此，我在与某家以线上经营为主的机构的同业小伙伴交流时，建议他们建立客户经营体系，不要总以搞批发为由，忽视客户经营，这会吃大亏。后续的实际情况也验证了我的观点。

由于这次分享仅限二十分钟，内容可能略显肤浅，讲述也不够透彻，仅供参考！但在最后，我想引用我们执行副总裁李晓婧女士关于公域经营的一个经典总结：开启公域经营后，顾问的工作量管理便被算法和互联网接管了。

# 保险遇 AI，转角就是爱

2025 年春节后，随着 DeepSeek 的横空出世，AI 领域瞬间变得火热无比，作为一名保险人，AI 将给我们带来什么样的影响，我们该如何面对这个已然到来的 AI 时代呢？我将从一个普通人的视角和大家简单聊聊。

首先，我想与各位分享我的 AI 学习之旅。这里有几个关键数字：

第一个数字是 30+，从 2025 年春节后，我几乎把所有的业余时间都花在了 AI 学习上，没休过一个周末，大大小小的 AI 活动参加了 30 多场，有时甚至是一天两场。坦率地说，这 30 多场的活动，80% 没什么意义，性价比极低。这些活动要么罩了 AI 的壳子，实则“挂羊头卖狗肉”，要么就是贩卖焦虑，割“韭菜”，甚至很多讲师根本没有实操过 AI。当然，也有很厉害的活动，但基本都是技术流的，或者是研究高层战略模式的，不是我这样的普通人能接触或者是借力的。

第二个数字是 10+，春节后，我购买的 AI 书籍有十几本，从《高效使用 DeepSeek：实现智能、高效、创新的效率指南》，到《智能时代的九大生存法则》《学会提问，驾驭 AI：提示词从入门到精通》等，再加上线上课程，可以说是学得晕头转向。

第三个数字是30000+，就是我在AI领域的投入，包括报学习班、买课程、买会员、买积分、请人做本地部署，这些钱不客气地说，50%以上是被浪费掉了。不过我也越来越会避坑了，所以讨论完之后，大家也要学会避坑。

我的手机、电脑里常用的AI网站和APP有将近20个，这里还不包括已经卸载的APP，而且很多都是买了终身会员的。现在的AI应用、软件、网站很多，甚至可以说是鱼龙混杂，大家切莫急于注册或购买，务必多加体验，找到最适合自己的软件即可。经常与那些热爱AI、活跃在AI圈的人交流，也是避免踩坑的有效途径。一方面，AI技术发展迅速，催生大量新产品，他们能分享当前最前沿的技术和优质软件、APP的信息。另一方面，这些圈内人士还能告诉你哪些APP已被淘汰，哪些已被证实是陷阱，哪些不适合你等情况。

其实，我最早在团队中推动AI的应用，是在2022年年末至2023年年初。当时，ChatGPT横空出世，再加上2022年我在团队训练营中持续推广飞书的使用，这也可视为为AI的推广奠定了基础（因为飞书的应用为团队搭建了AI实战的基础平台）。然而，遗憾的是，ChatGPT不能在国内使用，因此，2022年启动的AI推广并未在团队内获得足够的重视和关注。

幸运的是，随着一些初级AI应用的出现，比如文心一言等，为大家提供了相对便捷的AI体验途径。于是，我在2023年建议团队成员每人都要尝试体验AI，寻找感觉。甚至要求每位成员的手机中都要下载几款 AI 应用，但效果依然不尽如人意。大多数人只是浏览了一下，甚至有些人连应用都没下载。

记得 2023 年 9 月 20 日的早晨，我在微信朋友圈和视频号发布了一段体验 AI PPT 实战应用的录屏。我随意给 AI 设定了《普通人如何实现财务自由》的选题，然后全程由 AI PPT 完成。从选题的给出，到大纲的生成与选择，再到模板的确定，最后自动填充内容，整个过程仅耗时约 3 分钟，便完成了一份 22 页的 PPT 培训资料。无论是美观度，还是内容的结构性和细节呈现，都远超至少 70% 的职场人士。当然，最终呈现的效果仍需使用者根据自身需求和偏好进行调整。甚至可以发现，当时的 AI PPT 仅能提供一些通用内容的制作，但几分钟内的高效输出，足以弥补其局部的不足。

第二次 AI 推动，是 SORA 的出现，其极具广告效应的展示，让团队的小伙伴叹为观止，但很快就因为操作环境和实战应用的局限性而淡出了团队小伙伴们的视野。

第三次的 AI 推动，就是 DeepSeek 史诗级的呈现，这次，团队小伙伴的关注度和热度明显高于前两次，而且职场内能感受到 AI 的氛围了，例如，大家一起研究数字人，讨论 DeepSeek 本地部署，虽然氛围并没有那么热烈和浓厚，但是我已经很开心了，毕竟任何形式的起步都值得肯定。2025 年，我倡导团队小伙伴们每天使用 AI 一个小时以上，做任何工作前，要问自己：AI 能做吗？AI 能帮忙吗？使用 AI 做会是什么样子呢？

至于我的数字人之旅，可谓波折不断。由于我对着镜头有恐惧感，录制视频时，眼神和语音常显得不协调，甚至经常出现在镜头前大脑一片空白的情况。数字人的出现为我带来一线希望，但一路走来，跌跌撞撞，到现在总算是有了点感觉。起初，我采用卡通人形象，即假人假音真内容，发布后反响平平。随后改用代言人形象，虽进步至假人真音、真内容，但对个人 IP 塑造和观看体验仍不尽如人意。再后来，升级为真人、真声、真内容，效果显著提升，但这仍未达到数字人的理想状态，仍有差距。尽管目前已有通过大数据训练、长期投喂生成的逼真数字人，但客观上讲，成本有点高。目前我所使用的数字人虽不算完美，但能实现 5 分钟一条中视频的产出，基本满足需求。同时，我通过增设数字人分身和延长原始视频长度，进一步提升数字人的仿真度。据说 Hey Gem 在数字人应用上提供了更便捷和逼真的效果，我计划试一试。

相信很多寿险精英和我一样，参加了很多 AI 相关的讲座、论坛，不知道大家是否有和我一样的感觉，这些讲座和论坛都在传递一个声音，并努力无限放大：AI 时代来了，你会很危险，因为你会被 AI 替代。你的未来，充满了危机，当下你必须……

这不禁让我想起《反脆弱：从不确定性中获益》这本书。书中提到了一类被作者称为“脆弱推手”的人，不过，当下这些在 AI 讲座论坛上发声的人与书中描述的“脆弱推手”还是有区别的。当下这些人，只是在贩卖焦虑，既没有说出事情的真相，也未能给出真正的解决方案。他们所推动的解决方案，大多不过是在过往推荐的产品和服务基础上，嫁接一个AI的概念，然后连蒙带唬、生拉硬拽地展开营销。

我曾经带着团队一起观看了一部AI制作的5分钟短片，大家看完感觉很惊艳，认为现实中拍出这样的效果，得耗费很大的人力、物力及财力。甚至觉得以后的大片制作，AI就可以承接。但仔细思考后发现，刚才的惊艳和震惊，其实是从我们自身的认知、能力、视角出发，甚至是在降低了标准后得出的评估。如果以真正的大片标准来衡量，这部短片实在不怎么样。这是因为我们的大脑在一瞬间被蒙蔽了，形成了双标的判断。

而且这样的视频，即使用AI来生成，也是很麻烦的。你会发现，很多视频生成AI工具在宣传时展示的都是非常短的视频，因为很多工具生成的视频只能满足几秒的需求，例如当下比较流行的可灵AI等。而且视频生成过程中，还需要你反复进行细节调整。不过当下的文字生图、图生视频，甚至是文字直接生成视频，的确已经让我们足够震惊了。

这里我想带着大家一起思考一个问题，一个民生属性的新事物，是怎样一步一步融入我们生活的？首先，一个新事物，特别是科技类的，开始一定是在技术层的小范围内出现，然后进入一些高端人群和偏好者的小众人群中，接着再进入普通人的生活中，最后才彻底融入我们的生活。你知道这个周期有多长吗？

我想起一件事，十几年前，我参观宋美龄故居时，发现洗手间竟然有抽水马桶，这说明在20世纪40年代，甚至更早的时候，中国就已经有了抽水马桶。而我回想一下，家里第一次安装抽水马桶大约是在 1988 年，也就是说抽水马桶在民国时期就进入了中国，但直到几十年后才在我家普及。再如，2014 年我在智能展会上体验了智能家居的魅力，以前电影里的科幻场景已经走入现实。到 2018 年，我自己家里开始使用智能家居，到 2021 年实现了全套智能家居配置。但我想说，截至目前，智能家居依然没有普及到多数普通家庭。还有汽车，从诞生之初的基础形态到现在的无人驾驶智能汽车，经历了无数次迭代。但现在依然有没有汽车的家庭，依然有不会开车的人。这些人是否就被时代淘汰了呢？是否生活在水深火热之中呢？

所以我个人认为，拥抱新事物是必然选择！但也没必要让自己陷入终日惶惶的困境。积极面对，大胆拥抱，看清楚，想明白，做出自己正确的选择才是王道，千万不要被那些类似“脆弱推手”的人割了“韭菜”。

那么作为一个普通人，究竟该如何面对如今 AI 大爆发的时代呢？在这个 AI 时代，你要扮演什么样的角色呢？回到我们所在的寿险领域，以我所在团队为例。我带领小伙伴们分别从主顾开拓、技能提升、客户经营等方面多维度拥抱 AI。

例如在主顾开拓中，我们高效使用数字人，借助 AI 文案生成提供强大助力，突破视听 AI 的极限；在技能提升中，搭建 AI 教练，大幅提高效率，让 AI 提供指导性建议和 RP（角色扮演）支持；在客户经营中，AI 提供 24 小时无休的客户服务，还能提供差异化的定制服务。总之，这一次我强制团队小伙伴和我一起贴身拥抱 AI，而不是隔空相望。

举几个实战中的例子。

2025 年 3 月，我要求团队小伙伴利用 AI 为客户制作一个专属 MV，从歌词到歌曲，再到视频全部体现客户的专属性，视频的主角也是客户本人。这一活动得到了客户的高度好评，有位小伙伴的反馈是：客户感动得语无伦次了，因为 MV 中的视频素材连她自己都没见过。这就是 AI 图生视频的功能和魅力。

再如，现在直播很多，特别是高质量的直播，我们都不想错过，但是时间和精力有限，无法参加每一场直播。GET 笔记就解决了这个问题，只要将直播上传，它就能自动替我们“听”直播，并会生成三个文件：一个是录音文件，一个是录音转文字文件，还有一个是经过萃取总结的文件。

此外，思维导图、客户方案呈现 PPT 等，都能借助 AI 来完成。有的小伙伴甚至是用 COZE 制作了个客户经营小助手，你可以问它本周要见哪些客户，要和客户谈什么，需要注意什么等。

还有件特别开心的事是，一位小伙伴搭建了自己的 RP 智能体，在使用中发现特别好用，大幅提高了训练效率。这位小伙伴计划按照不同的客户类型，搭建多个 RP 智能体，以此快速提升自己的实战面谈能力，更好地为客户服务。

在这个寿险行业变革的拐点上，我们迎来了 AI 时代，这绝对是一个莫大的机遇，是时代赋予我们的红利，我们之前不敢想、做不到的，现在都有了实现的可能。所以，我们要拥抱 AI，借力 AI！

# 附 录

# 团队小伙伴的声音

# 让客户自然增长——一位保险顾问的觉醒之路

第一次见到隋总（现实中，隋总规定不许叫他“隋总”，否则每次“乐捐”500元，可以喊老隋或者Shawn，而我后来选择称呼他“老大”）是在2020年11月26日，他来执掌大童保险服务大连分公司（以下简称“大分”）的就职见面会上。我只模糊记得他对行业、政策、市场侃侃而谈，从容淡定，又气势十足。还有一点记忆犹新，会上，老大给大家发了个超级大红包。这一幕也因在以后的各种会议上频频上演而被小伙伴们津津乐道。彼时我刚入行，全凭热血行事。虽常惊叹于老大洞察行业的独特视角与决策的底层逻辑，但因自身认知局限与业绩平平，在团队中近乎隐形。

## 1. 认知觉醒：当农耕文明进入保险江湖

入行第三、四年，我遭遇职业瓶颈，像极了《天道》里那个在音响市场像无头苍蝇一样横冲直撞的叶晓明。每天以手机为“枪”、微信为“箭”出门“狩猎”，在通话和打字中忙得团团转，却被“我再考虑考虑”“暂时不需要”“拒接电话”和“已读不回”搞得狼狈不堪。那时的状况真是印证了那句玩笑话——一顿操作猛如虎，月末收入两千五。直到某次电话沟通结束，我无精打采地坐在那发呆。这时老大走过来轻飘飘地问道："知道为什么你能记住你每个西点熟客的口味，能记得每首古筝曲子的调子，却不知道自己保险客户的情况吗？"（这里打个广告：我除了做保险，还是资深私房烘焙师，同时也是中央音乐学院认证的古筝教师。）

这个灵魂拷问成了我认知升级的转折点。当行业还在争论"缘故 vs 转介绍哪个更高效"时，老大早已打磨构建了自己的N&D-CMS 客户经营体系。他说："不要做盲目追着猎物跑的猎户，要当春种秋收的农夫。"

我埋解的 N&D-CMS 体系如下：

N：Natural（自然规律）的智慧，让我们转换思维，用作物生长周期来规划客户经营节奏，什么时候该深耕服务（播种期），什么时候该转化需求（成长期），什么时候该方案落地（收获季），什么时候该休耕维护（信任沉淀）。到什么时间做什么事，做什么事就会有什么收获，一切都不慌不忙、自然而然，这是"道"。

D：Digital Intelligence（数智化）的手段，让我们从各种媒介中广泛地收集数据，从数据中提炼信息，从信息中萃取知识，依托知识设立目标，用目标指导行为。有目标、有方向的前提下，想出达成目标的手段和方法，这是"法"和"术"。

CMS：Customer Management System，包含四张表的客户管理系统，是我们用以达成目标最趁手的工具，这是"器"。

至今还记得初次听老大讲N&D-CMS体系中服务客户“要以家庭为单位”，覆盖全“家庭生命周期”的概念时，我就像哥伦布发现瓜纳哈尼岛那般兴奋。老大却笑眯眯地说：“美国人口统计学家格利克（Paul C. Glick）早在70多年前（1947年）就已经提出这一概念了。”这种打通经典理论与实战场景的能力，正是N&D-CMS体系的魅力所在——既不是空中楼阁的学术概念，也不是急功近利的销售话术，而是经得起时间和实践检验的底层逻辑。

## 2. 体系重构：从数据炼狱到信息天堂

实施N&D-CMS初期，由于之前根本没有对客户资料进行系统化管理，团队小伙伴们经历了“数据淬火”的阵痛。连续五周，我像考古队员般在“遗迹”中东翻西找：不得不把散落在微信聊天记录、通话录音、手机便签、电脑、笔记本等各处的客户信息碎片扒出来，一点一点拼凑在一起。当我对着Excel中成百上千条数据欲哭无泪时，老大抛出“补刀”金句：“现在流的汗，都是当年偷懒时脑子进的水！”

这个看似笨拙的“客户基础表”，实则是N&D-CMS的神经中枢。我们为每个家庭建立动态档案：从房贷周期到子女教育规划，从体检报告异常指标到各种专属特别纪念日。过程虽然痛苦，但当数据碎片逐渐拼凑完整时，客户画像越来越清晰，真有种黄土坑里挖出了青花瓷的感觉！

当数据表从无到有，客户由少到多，客户信息由单薄到丰富，量变终于引发质变：客户信息尽在掌握，颇有种“一表在手，天下我有”的豪迈！

### 3. 范式跃迁：从时间的奴隶到和时间做朋友

如今，在老大的指导下，每年年初依托CMS的全体表格数据设定年度目标，按照关键日期分解为月度目标，根据客户级别和状态制订周计划，结合自己的实际安排每天的工作。非但没有了之前的疲于奔命，反而有了更多可自由支配的时间。我的工作日历上，每周都有一次带上我亲自制作的甜点和客户一起下午茶的时间；每天都有一个半小时和筝友一起练琴的时间；每天都有20分钟的英语口语练习时间。这不是偷懒，而是按照自然规律（Natural）在“耕作”，就是应该有种、有长、有收、有藏，张弛有度。

老大常说：“最高明的经营，是让客户感觉不到你在经营；更高明的经营，是自己都感觉不到在经营。”逐渐开窍的我，也开始把服务场景融入生活日常：下午茶时和宝妈们吐槽孩子的过程中，顺带规划了教育金；练琴间歇一起放松酸痛的手腕时，不经意间就聊到了医疗和重疾。当同行们还在为陌拜头疼时，我已在践行“经营于无形，成交于自然”的高级形态啦！

## 4. 人间清醒：知行合一的导师

在这个充斥着蹭热点、背脚本、练话术的行业，老大的难得之处在于始终保持着奋战在一线的老保险人的清醒与实干家的务实。他用这本书告诉我们，做事要符合事物发展的规律，要顺势而为；用《思考快与慢》教我们思考问题的方法；用《反脆弱：从不确定性中获益》告诉我们如何在这个纷繁复杂的VUCA时代立于不败之地；用《如何结交比你更优秀的人》指导我们如何破圈，获得优质客户……这种打通任督二脉式的跨界思维，让N&D-CMS既有学术纵深感，又有实战杀伤力。

更令人敬佩的是他的"知行合一"。不同于大多数高层领导的光说不练、纸上谈兵，老大是天生的理论家和实战派。在大分，哪里有难搞的客户，哪里有超高端的客户，哪里就有老大陪谈的身影，说是陪谈，其实就是老大以洞察力、专业度和差异化思维掌控了谈话（但并不会喧宾夺主），往往这时客户也感觉是"于伯牙遇到了钟子期"，总会有很多意外的收获。当别人都在炫耀新增客户量时，我却在和老大学习"如何优雅拒绝不适合的客户"，这份"弱水三千只取一瓢"的底气，就是来自N&D-CMS带来的客户筛选自由。正如老大书中所写：N&D-CMS的终极目标是，你只服务于自己喜欢的客户，你能以自己喜欢的方式轻松地完成你的目标。

## 5. 行业之光：一本值得拥有的实战宝典

如果说保险业是艘穿越周期的大船，这本书就是老大陆续发放的救生艇建造手册。翻开泛着墨香的手写稿，那些被荧光笔重点标注的段落在闪着光：

寿险经营一定要以“农耕模式”为主，而不是“狩猎模式”。

拒绝用战术勤奋掩盖战略懒惰，客户经营要算三十年总账。

我们的终极目标是只服务自己喜欢的客户。

这些凝聚了二十多年实战智慧的话语，值得每个保险人放在案头，记在本上，放到个人知识库中，进而融入血液之中，形成肌肉记忆，进而少走弯路。而这正是老大的初心——用知识火种照亮行业，让专业主义生生不息。

合上书页，目光落在多维表格“客户经营四表联动”的看板上，想起了老大的寄语：“希望每个保险人都能拥有选择客户的权利，而非被选择焦虑支配的命运。”

娄鑫

一个努力而不劳力的新保险人

# 破局者手记：协同共生时代下的终身职业价值重塑

2021年，34岁的我已在银行业耕耘十年，看似稳定的职涯背后暗涌着对未来的担忧，虽然在体制的轨道上稳步前行，却也深刻地在时代的浪潮中感受到焦虑。当“转型”成为金融行业的高频词时，我毅然选择跳出了舒适圈，投身保险中介行业，开启创业之旅。这不仅是对抗中年职业危机的突围，更是对“终身职业价值”的郑重选择。

促使我清晰地做出选择的，是与本书作者的第一次面谈。当时，我和同在银行业的先生都处于跳槽转型的节点。作者在一个很轻松的氛围下开启了我们的面谈，先是聊聊我们俩跳槽的原因，然后了解了一下我们目前选择的情况，因为先生已经有了去外地工作的打算，剩下的就是看我是否要动，以及如果动，应该是什么方向。

他当时只让我思考两个问题，一个是为什么要从银行离开，另一个是为什么要进入保险行业？说实话，离开银行是我认为未来必做的事情，至于是否一定要进入保险行业，其实并不明确。但我知道，转换职业进入保险行业，在当时是我性价比最高的选择。

作为一个银行的小螺丝钉，我没有什么过人的技能，只能算是一个综合能力还可以的普通人，目前从年龄和素养上还算有些竞争力，但10年、20年之后就不好说了。作者分享了当时他的生活状态，他和夫人会亲力亲为去处理生活中一件很小的事情，体验生活的乐趣。而这些其实就是我们未来想去追求的生活状态，三十几岁的年龄，处于事业爬坡期，还要养育和教育孩子，那时候的生活状态是焦头烂额的，如果没有父母帮衬，真不知道会是什么样子。

随后，作者阐述了他的管理理念，当时第一次听说类阿米巴模式，他推崇每个人都去做最好的自己，并且强调工作应在一个快乐的氛围中进行，一群积极向上的人共同努力，提升自身价值。每个人都是一个"超级个体"，在这个时代下实现"协同共生"。在这个地方，总经理没有自己的办公室，并且在称谓上不能叫"××总"，否则要"乐捐"500元。这种文化对当时身处传统体制内组织的我触动极大。我当时正在攻读大连理工大学的MBA，接触了一些管理理念，觉得如果作者所言真的得以执行，那么每个人都能找到真正的价值，并不断提升，这个组织也会进入正向循环，越来越好。在我的心目中，真正的"领导"是心中认可的，而非职位上的。

最后作者给我的建议是我和先生一起去外地工作，但由于家庭的考虑，我还是选择留在本地，并毅然决然地从银行辞职，转身来到了保险中介行业。

转型之后的几年里，我逐渐验证了作者当时讲的管理理念并不是忽悠我的。我是书中提到的MSC事务所中的一员，参与了当时对我们职业化定位的视频录制，这个视频不仅把我们工作的状态具象化了，也使我对未来职业化的定位更加清晰，这为我后来做事务所的招募奠定了很好的基础。毫不夸张地说，我是“新时代新招募思维”的最大受益者。因为当初转型就是接受了这样的思维，转型后在工作中的体验和状态也非常好，所以在我和我的合伙人进行面谈时，我也运用了“新招募”的方式来面谈。

作者会经常强调要做好 IP 打造，我理解的 IP 打造其实就是先定义自己心目中最理想的自我形象，然后通过行动对外展示。这种展示并不是制造假象，如果是假象，只会让人越来越累，真正的 IP 打造其实是一种知行合一的过程，逐渐我们会发现自己正成为心目中理想的样子。接着，我会预设理想合伙人的 IP，因为招募是双向选择。做好前期的预设，实际招募面谈中，我会先了解对方的职业困惑，和他共同探讨如何解决，然后再告诉他我们的样子，如果他在我们这会是什么样子。

在 2023 年，我用“新招募”的方式组建了一支 1+7 的精英队伍，我的事业合伙人来自国企、500 强企业、互联网科技行业等各界精英，他们有着跟我相同的职业焦虑，也对自身价值成长有着更高的追求。在那个时点，保险行业已经开始从人海战术向战略转型过渡，大量从业人员开始流失，优质人才匮乏成为普遍难题，而我运用“新招募”的理念和方式，成功抓住了这一机遇，快速组建了一支小而美的精英队伍。

“因我而知，因你而来！如果是你，一定是我！”这句话不仅是招募中的精髓，在销售中同样适用，作者的“积极参与，守住成交”也正诠释了这句话的真谛。作者不仅对寿险营销有着深刻理解，更对人性、客户关系以及数字化时代的特点有着独到见解。

站在职业转型的第四个年头回望，我愈发理解本书管理哲学的前瞻性。在人才培养方面，我们通过预设 IP 精准识别人才特质，构建起包含产品专家、客户经营、培训督导的复合型人才梯队；在客户经营方面，N&D-CMS 模型为我们指明了一条通往成功的路——以家庭为单位的客户定位策略，并且通过数据化和智能化手段去提高客户经营的效率。

这本书于我而言，是一份值得终身践行的职业指南。当行业步入高质量发展新周期，当“专业主义”成为生存底线，书中揭示的管理智慧恰似暗夜灯塔。它教会我们用终局思维规划职业路径，用协同理念重构组织关系，用专业精神锻造核心价值。我相信，无论是寿险行业的资深从业者，还是初入行的新人，都能从这本书中获得宝贵的启示和帮助。它将帮助你重新审视自己的经营模式，找到更适合自己的发展方向。

期待更多同行能在这本书中找到破局的勇气与智慧，在不确定的时代构建确定性的职业未来，以专业重塑行业生态，用价值定义职业尊严。

吕鑫<br>“新保险人”践行者

# 找到自己的坐标，努力且清醒，绝不内耗

我就是老隋书中的三三制的虹豆，一名 90 后，当我的模式视频拍摄完成时，我好像活成了许多女性保险从业者梦想成为的样子。但是在崇尚狼性文化的行业中，其实我并不算优秀，因为我缺少狼性。90 后的特点就是喝不了一点鸡汤，打不了一点鸡血。如果真有被打动的人，那个人一定是我，不可能是别人。

## 做目标的主角

在一些走传统路线的管理者眼中，我这种不能听话照做，太有自己想法的人就是一根“刺”，因为我永远不会为了配合面子工程而消耗自己，我看过百人的大早会，肉体在座位上，灵魂不知道在哪。当结果不尽如人意的时候，管理者从不审视真正的问题所在。

但是，在老隋的经营模式中，我成了主角，他问我需要什么舞台，让我发挥自己的优势，让我成为一个超级个体，允许我们在自己的坐标上找到幸福感。所以这些年我的成长更显著，每年都能提升效率、提高绩效水平。因为我深知，只要努力的同时保持清醒，就永远不会内耗。激励自己的方式，从来不是公司要求的那种，而

是自己需要的！

他把职场里那些有想法的“怪咖”打造成了一个个成功模式的案例，与其强制要求大家机械式地服从，不如先让一部分人找到自己的人生坐标，那些方向不清晰的人可以从中找到与自己同频共振的人或者是想成为的人。这样反而能吸引更多有能力、有想法的人，让不同维度的人都能找到自己的坐标。这些经营逻辑和方法，都写进了书里，案例结合理论基础，我想你能找到答案。

## 何为三三制

其实，三三制就是把精力和时间分成三份，一份给事业、一份给家庭和孩子、一份留给自己。这三份没有排序，都是并列，所以叫三三制。我的工作不会因为其他两项的任何突发情况而降低标准，当然我也不会因为工作而改变我的生活节奏。

我告诉自己要有事业，可以不用很成功，但是要尽我所能地努力发光，在自己有限的精力里去提高效率，不做和成长无关的事，先守住底线，再去突破，人一定会因为自己的价值感而感到幸福。

家庭和孩子，围绕家庭和孩子的生活体验是一个自我治愈的过程，我们学会爱与被爱，学会付出与欣赏，我不想错过孩子无法重来的成长。当然，事业和家庭的平衡是永恒的话题，有取，舍也要面临诸多辛苦，但是我们会在热爱的事情里产生心流体验。因为这是我们自己的选择，所以能坦然面对，不会纠结。

给自己的留白同样重要。当你无数次问自己“值得吗”？内心的回答都是肯定的，我们教孩子爱自己，如何爱要言传身教；我们让客户爱自己，如何爱也要以身作则，一份美好的事业一定需要一个美好的生活体验者去分享。

有一年，在公司的年会上，我荣获了最多的奖项，在发言中我说了这样一句话：“因为我自己从来没想过放弃，所以我才能一年又一年，一次又一次地站在这里，一个好的经营模式能最大限度地激发人的内核，向上的力量一定是自驱力。”

何止保险不止保险！

虽然这是一本保险行业的实战书，但是我相信，你的收获远不止于此。保险江湖有句话：“如果你能做好保险，那么你干啥都能行。”

农耕模式、客户经营、做好自己才能“因你而来”，终极目标是要服务你喜欢的客户。本书讲的都是人生信条和格局视野，以及你的人生追求。只有遵循规律做农耕，你才能在一个行业长久。我们终其一生追求的不就是选择的权利吗？选择你喜欢的人，选择你喜欢的事，拥有选择权是人生最大的奢侈。

读懂这本书，不仅能在工作中豁达，更能在人生中自洽。

潘虹

# 破局者的第二视角：一位实战派保险人的高客经营启示录

2022年，我的师父老隋开展第一次高客训练营。他指着屏幕上“高客不高”的标题笑说：咱们总把高客想得太特殊，其实摘下“成见”的眼镜，才能看清他们眼里真正的需求。

跟着老隋在一线跑了这些年，深知他总能在大家扎堆的地方另辟蹊径，而这本加入了很多陪谈笔记和深夜思考的内容，可以肯定地说，就是他摸爬滚打二十多年，给行业小伙伴们递出的一把破局钥匙。

## 1. 撕掉标签，看见高客背后的“人”

刚接触高客时，我总把高客想象成需要用专业术语堆砌服务的特殊群体，老隋却敲着笔记本说：“先别想怎么‘拿下’客户，要想想怎么‘看懂’客户。”书中描述高客面谈的“前紧、中慌、后悔”，简直是新手期的真实写照，那些背得滚瓜烂熟的政策解读，在客户一句“我不关心”面前往往溃不成军。

记得有次陪谈，客户对市场上大讲“金税四期”风险的论调明显抵触，老隋并没有和客户辩论，也没有再反复强调“金税四期”“共同富裕”带来的风险。反而聊起自己对这些现象的不同看法，一下就说到客户心里去了，客户瞬间放松了紧绷的肩膀。书里写的“共识—共鸣—共情”三部曲，其实就是老隋常说的“把自己放进客户的故事里”，他总说：“当你能接住客户的焦虑时，客户才会接住你的专业。”

最让我触动的是老隋对“真诚”的坚持。有次团队分享“如何用家族信托打动高客”，他却泼冷水：“如果客户问信托能不能避开所有风险，你敢不敢说有些事保险也做不到。”这种反套路的坦诚，在书中化作“四性原则”，不吹万能，只讲匹配，反而让客户看到我们的真诚和专业。

## 2. 从摸爬滚打到把经验熬成方法论

老隋的记事本里永远记录着满满的陪谈笔记，记录着某次面谈时客户因茶杯没续水导致的冷场，也画着私董会流程的修改草图。这本书里的每个观点，都带着一线的体温：20 分钟夕会怎么讲高客经营？他会细化到“先讲一个失败案例，比讲十个成功经验更有用”；线上咨询如何破冰？他把自己踩过的坑都写进书里，“别一上来就发计划书，先给客户递上一份电子名片和资格证书。”

案例解析部分最见真章。Andy 三次面谈失败的记录，老隋没有苛责，反而像复盘棋局一样拆解：第一次面谈急着讲政策，没听懂客户“我不管企业”背后是早已安排好传承；第二次面谈猛推家族信托，没看见客户递来的茶叶其实是“暂停信号”。这些细节让我想起跟老隋跑客户的日子，他总在面谈后坐在车里复盘：“你注意到客户反复摸袖口的动作吗？那是紧张的信号，这时候该递杯水，而不是继续讲产品。”

最难得的是老隋的“笨拙”。他写自己学私董会流程时啃了半个月的书，组织第一次活动时紧张得忘词，却在失败中琢磨出“类私董会”模式。这种带着烟火气的分享，比任何“完美攻略”都更有说服力——原来高手也会踩坑，但高手能把坑变成路。

### 3. 在变局中守住保险的“根”

这两年行业总在谈转型，老隋却把目光放回本质，“高客要的不是一份保单，而是一个能睡安稳觉的方案。”老隋对“家族办公室”“类私董会”的探索，表面是新模式，内核却是“回归客户需求”。当第一代企业家开始操心“怎么让子女守住家业”，当新富群体想给孩子“留一笔不受婚姻影响的钱”，老隋带着团队用“四维规划法”把这些需求拆成可落地的方案，让保险从“产品推销”变成“生活规划”。

记得去年老隋陪谈去见一位企业主，对方开门见山：“我不需要理财，更不需要保险。”老隋没有做任何反对处理，只是闲聊了几句，竟然就引导客户进入了财务风险话题领域，然后就画了一张家庭资产配置和风险管理图，又讲一下自己对风险的认知，以及过往客户的案例，最后客户竟然主动签了张大单。

本书没有华丽的行业展望，却处处透着对本质的坚守：高客经营不是搞定“高净值客户”，而是用专业和温度，让每个家庭的期待有处安放。这种务实，让这本书超越了技巧手册，更像一位老兵对行业的深情喊话：“别被概念迷了眼，守住客户的需求，就是守住我们的根。”

### 4. 给所有在高客之路上跋涉的同行

合上书稿，想起每次跑完客户后跟老隋复盘的那些日子。他总说：“高客经营中懂客户要比懂产品更重要！”这本书里没有速成法，却藏着比技巧更珍贵的东西，就是对客户的真诚，对专业的敬畏，对行业的热爱。它适合每个在高客之路上迷茫的人：新人能从中找到入门的钥匙，老手能触到突破的契机，而所有对保险心怀热望的人，都能从中看见，所谓高客经营，不过是用扎实的专业，回应客户最朴素的期待。

作为徒弟，我很清楚这些文字背后的分量。老隋常说：“每个高客背后，都有一个复杂的故事。”如今他把这些故事和思考写成书，与其说是分享经验，不如说是把二十多年的责任和热爱，酿成一盏灯，照亮后来者的路。愿每个翻开此书的同行，都能在高客经营的路上，走得更稳，更暖，更有力量。

李晓白

# 我遇到的怪咖老总是“卷王”

我入行于一家中外合资的寿险公司，并工作5年，因喜欢保险中介的经营模式，于是转型到保险中介公司发展。我转型那年，老隋刚好来到大连分公司任职。他带领的这家保险中介公司，不用那种“俗套、暴力”的营销方式，而是采用更符合新保险人口味的充满专业感的营销方式。

老隋对美感、潮流有敏锐的嗅觉，管理风格是理性中带着感性的，甚至能让人深受感动。在专业上，他讲逻辑、有依据，更是让我眼前一亮。凭借丰富的创业经验和社会阅历，加上他独特的人格魅力，老隋看事物总是有着不同的视角，有时甚至是刁钻的逆向视角，这让我们更能看到事物本质和全貌，从而获得新的启发。

## 1. 老隋自创的“钢镚训练营”

我是在他的一系列训练营中成长起来的。刚转型到保险中介行业时，正处于从个险思维向中介思维转变的“晕船期”。老隋第一个训练营“钢镚训练营”给我提供了全新的思路和专业的支持，还有精神上的支柱。我们以学习小组的形式几乎每天傍晚都在一起学习和复盘，重要的知识点还会考试。

在这个训练营中，我们学习金税四期对企业主的影响，梳理了相关政策和知识点，老隋还请了相关专家帮我们讲解其中的利害关系，让我们更有信心，能够更早地与客户探讨金税四期对财务的影响，以及保险在家庭财务规划中起到的重要作用。学习结束后，我将所学知识分享给身边的企业主，不仅获得了客户的认可，还顺利签下了第一份百万保单。

### 2. 老隋自创的“养老训练营”

我的第二个百万保单来自参加他的“养老训练营”，这是一个系列课程。他把养老规划系统进行了全面梳理，并导出三种简易的养老品质的模型供客户选择，然后再根据客户实际情况进行评估，不断调整预期，选出最切实可行的养老品质模型，从而让客户将需求快速场景化。

我从老隋身上学习到一种很有效的工作模式，就是将零散信息整合成系统，再建成模型应用于可视化场景中。保险工作可以说是要终身学习的工作，自新人班结束后，就是遇到问题再针对性地学习，知识点非常零散。知识不成系统，就会很快忘记，导致重复学习却无法真正快速升级，即使是“大咖”分享也只是听个热闹。

老隋对我最大的影响就是系统性地学习与思考，将关联知识点与周边内容进行逻辑性关联，构建成一个系统后再输出为模型。这样一来，每次遇到相关问题，只需调整模型中的数据即可。有了系统和模型的支持，所有零散的知识点都能使系统不断升级，模型日趋完善。

老隋深入浅出地确定模型，再由浅入深地制定方案。按照老隋的模型，我和客户进行了多次电话沟通，并根据沟通反馈不断调整方案细节，最终，客户决定给自己购买一份百万保单，用于规划80岁之后的护理保障。具体来说，若客户在80岁后有护理需求，每年可支取10万元护理金直至终老，若有剩余资金还可进行传承。此后，每次见到这位客户，她都会在朋友和家人面前自豪地介绍，她的养老方案是由我帮她设计的。

### 3. 鼓动老隋出书

总是看到小伙伴请教老隋重复性的问题，于是，我开始鼓动老隋出书，为更多想走专业化路线的寿险精英们提供新思维和不同的视角，让更多的人知道老隋，一个“卷王”中的“卷王”，一个不被年龄限制的、拥有新思维的、难得的职场老男孩。如今老隋的书就要出版了，希望这本书也能成为你的经营宝典。

唐棠